シリーズ「遺跡を学ぶ」

102

古代国家形成の舞台

飛鳥宮

鶴見泰寿

新泉社

古代国家形成の舞台
―飛鳥宮―

鶴見泰寿

【目次】

第1章　飛鳥宮の発掘……4
1　天皇と宮……4
2　飛鳥時代のタイムカプセル……8
第2章　飛鳥岡本宮・飛鳥板蓋宮……14
1　最初の飛鳥宮、飛鳥岡本宮……14
2　乙巳の変の舞台、飛鳥板蓋宮……17
第3章　後飛鳥岡本宮……21
1　斉明天皇の宮……21
2　酒船石・亀形石槽・「狂心の渠」……31
3　須弥山と漏刻……34
4　飛鳥京跡苑池……38
第4章　飛鳥浄御原宮……44

1 壬申の乱と天武天皇の宮……44
2 東南郭（エビノコ郭）は何か？……49
3 飛鳥浄御原宮の改修……57

第5章 文献史料からみた飛鳥宮……60

1 飛鳥浄御原宮にあった殿舎は……60
2 飛鳥宮の政務と儀礼……67
3 木簡が語る飛鳥のみやこ……72

第6章 飛鳥から藤原へ……80

1 新城の造営……80
2 飛鳥宮の解体……83
3 奈良時代の飛鳥の宮……86
4 おわりに——飛鳥宮とその時代——……90

参考文献……92

編集委員
勅使河原彰（代表）
小野　昭
小野正敏
石川日出志
小澤　毅
佐々木憲一

装　幀　新谷雅宣
本文図版　松澤利絵

第1章　飛鳥宮の発掘

1　天皇と宮

天皇を宮の名であらわす

奈良時代に編集された歴史書『日本書紀』や『古事記』をみると、天皇を宮（住まい、宮殿）の名であらわす事例がよく出てくる。たとえば「纏向玉城宮御宇天皇之世《まきむくたまきのみやにあめのしたしらししすめらみことのみよ》」（垂仁《すいにん》天皇）、「檜隈宮御寓天皇之世《ひのくまのみやにあめのしたしらししすめらみことのみよ》」（宣化《せんか》天皇）、「近江大津宮御宇天皇《おうみおおつのみやにあめのしたしらししすめらみこと》」（天智《てんじ》天皇）などのように。また当時つくられた墓誌《ぼし》などの金石文《きんせきぶん》でも、飛鳥時代の官人、船王後《ふなのおうご》の墓誌銘に「阿須迦宮治天下天皇《あすかのみやにあめのしたしらしめししすめらみこと》」（舒明《じょめい》天皇）とあり、また小野毛人《おののえみし》の墓誌銘に「飛鳥浄御原宮《あすかきよみはらのみやに》治天下天皇御朝《あめのしたしらしめししすめらみことのみよ》」（天武《てんむ》天皇）とある。このように宮はたんなる天皇の居所にとどまらず、特定の天皇を示す呼び方と切っても切れない関係にあった。

こうしたことは、辛亥《しんがい》年（西暦四七一年）につくられた、埼玉県行田市《ぎょうだ》の稲荷山《いなりやま》古墳から出土した鉄剣の銘文「斯鬼宮《しきのみや》」や、癸未年《きび》（五〇三年）につくられた、和歌山県橋本市の隅田八幡《すだはちまん》神社蔵の人物画像鏡の銘文「意柴沙加宮《おしさかのみや》」にもみることができるので、五世紀末～六世紀初頭にはすでに成立していたことがわかる。

六世紀以前の天皇の宮は一代限りのもので、二代以上にわたって使用されることはなかったようである。しかし、七世紀以降は「飛鳥」の地に集中して造営するようになり、藤原宮《ふじわらのみや》に遷るまでの約一世紀にわたり宮の所在地となった。

そして、七世紀中ごろから八世紀にかけての天皇の宮は、遣隋使・遣唐使による大陸との交流によって中国の都城制《とじょうせい》の影響を強く受けることになる。たとえば、南北方向の中軸線を基準に建物を配置する設計思想をとりいれ、大極殿《だいごくでん》を導入したり、礎石建《そせきだ》ち瓦葺《かわらぶ》きの建物をつくるようになる。

飛鳥の地

七世紀に天皇の宮が営まれた「飛鳥」は奈良県高市郡《たかいちぐん》明日香村《あすかむら》にあり、奈良盆地東南隅に位置する（**図1・2**）。

飛鳥の中心には、五八八年（崇峻元《すしゅん》）に蘇我馬子《そがのうまこ》が建立した飛鳥寺《あすかでら》（法興寺《ほうこうじ》）がある。飛鳥の大規模な開発がはじまったのはこの時からである。東には岡寺《おかでら》の丘陵があり、その背後は談山《たんざん》神社がある多武峰《とうのみね》とよばれる山地である。西をみれば甘樫丘《あまかしのおか》や川原寺《かわらでら》裏山があり、その麓を飛鳥川が蛇行するように流れている。南は石舞台《いしぶたい》古墳を経て峠を越えれば吉野である。

甘樫丘や祝戸《いわいど》の展望台から飛鳥を見下ろすと、周囲を山にかこまれた水田のなかに飛鳥や岡の集落の大和造りの民家が建ち、まるで時間が止まったかのように静かな景色が広がっている。北の方を望むと天香久山《あまのかぐやま》や耳成《みみなし》山《やま》、畝傍山《うねびやま》の大和三山が遠くにみえるが、橿原《かしはら》市街は開発が進んでいるため、明日香村との対比がいっそう際立つ。

　古代の飛鳥の範囲について岸《きし》俊男《としお》氏は『日本書紀』や『万葉集』での「飛鳥」の用例を検討し「飛鳥川の右岸」とした。この狭い範囲に七世紀に営まれた天皇の宮の総称が「飛鳥宮」である。

図1 ● 飛鳥京跡航空写真（南から）
丘陵にかこまれた平地の南半分が飛鳥宮の所在地。後方には左から順に甘樫丘、耳成山、天香久山がみえる。

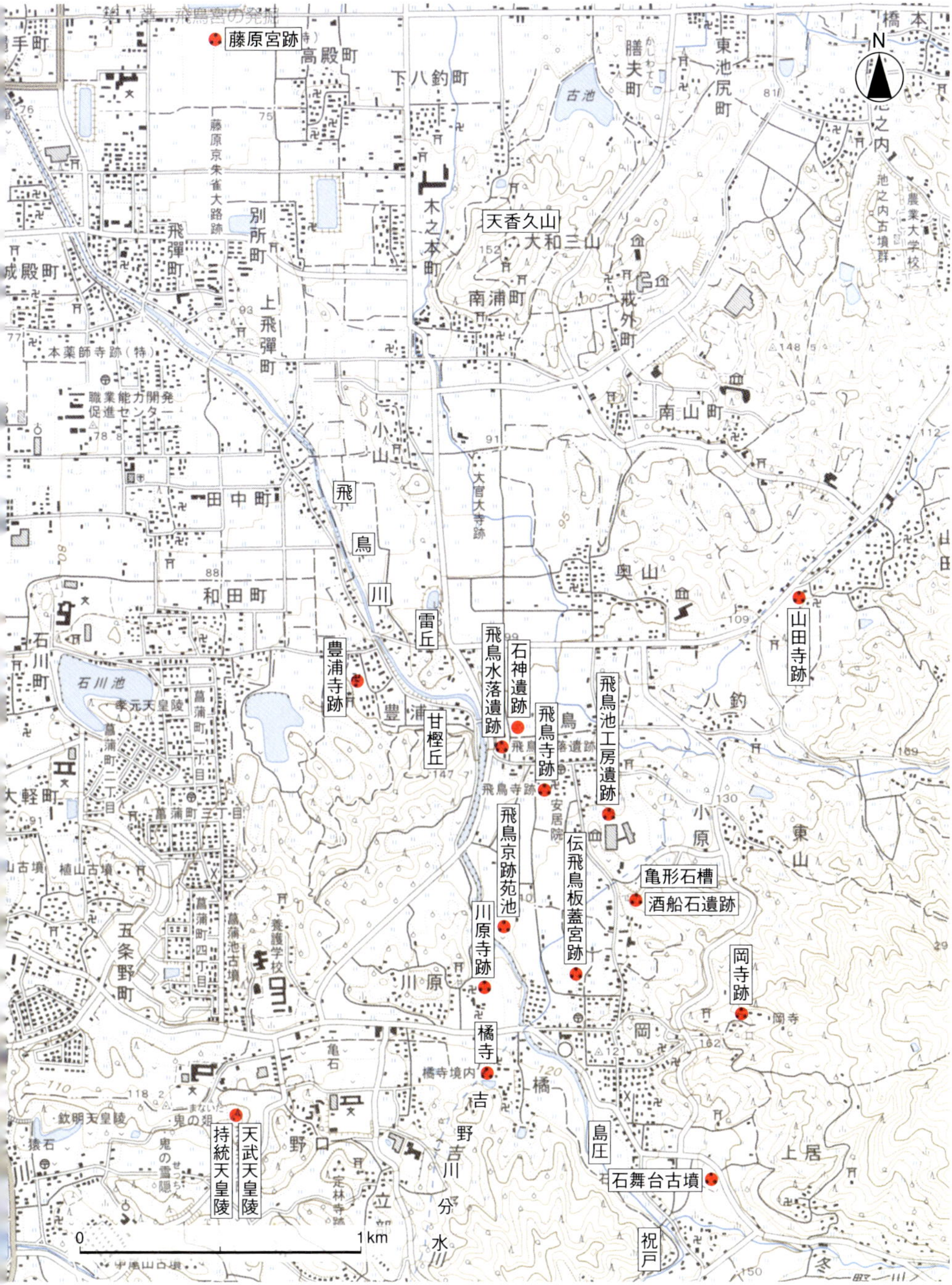
N
藤原宮跡
天香久山
山田寺跡
豊浦寺跡
雷丘
飛
鳥
川
飛鳥水落遺跡
石神遺跡
飛鳥寺跡
飛鳥池工房遺跡
甘樫丘
飛鳥京跡苑池
伝飛鳥板蓋宮跡
亀形石槽
酒船石遺跡
川原寺跡
岡寺跡
橘寺
天武天皇陵
持統天皇陵
島庄
石舞台古墳
祝戸
0
1km

図2 ● 飛鳥宮関連地図

2　飛鳥時代のタイムカプセル

飛鳥の宮

東と南を丘陵、西を飛鳥川にはさまれた狭小な河岸段丘上に立地する飛鳥の地形は、律令国家の出発点がここにあったことを想像させるものではない。しかし、水田の数十センチ下には石敷《いしじ》きなど、七世紀の宮殿遺構がほぼ廃絶時に近い状態で残っている。

飛鳥宮は、六九四年（持統《じとう》八）一二月の藤原遷都にともなって廃絶するが、施設の解体作業時にきれいに土をかぶせて跡地整理され、その後は耕作地として現代まで使われつづけた。そして一九六六年の「古都における歴史的風土の保存に関する特別措置法」や一九八〇年の「明日香村における歴史的風土の保存及び生活環境の整備等に関する特別措置法」によって大規模な開発がされることなく現在まできている。そのため、飛鳥にはいわばタイムカプセルのような状態で宮殿遺構が保存されているのである。

飛鳥宮所在地の比定

飛鳥には約一〇〇年のあいだに数多くの宮が営まれたが、これらのなかには恒常的に使われたものと、わずか数年しか使われなかった一時的なものとがある。

『日本書紀』にみえる飛鳥地域の歴代天皇宮は、五九二年（崇峻五）の推古天皇の豊浦宮《とゆらのみや》にはじまり、小墾田宮《おはりだのみや》、飛鳥岡本宮《あすかおかもとのみや》、飛鳥板蓋宮《あすかいたぶきのみや》、飛鳥河辺行宮《あすかかわべのかりみや》、飛鳥川原宮《あすかかわらのみや》、後飛鳥岡本宮《のちのあすかおかもとのみや》、飛鳥浄御原宮《あすかきよみはらのみや》などがある。途中、田中宮《たなかのみや》・厩坂宮《うまやさかのみや》・百済宮《くだらのみや》・難波長柄豊碕宮《なにわながらとよさきのみや》・近江大津宮《おうみおおつのみや》などに遷った時期があったため断絶はあるものの、ほぼ一貫して飛鳥に宮が造営された。小澤毅《おざわつよし》氏はこれらの宮を正宮《せいきゅう》とその他の宮に分類した（**図5参照**）。本書ではこのうち正宮に該当する宮、すなわち飛鳥岡本宮、飛鳥板蓋宮、後飛鳥岡本宮、飛鳥浄御原宮を主に扱うこととする。

現在では飛鳥の各所で発掘調査がおこなわれ、さまざまな事実が明らかになっているが、これらはいずれも昭和時代後半以降の成果であり、それ以前の飛鳥研究はいまとはまったく異なる環境にあったといってよい。飛鳥は『万葉集』に詠まれたために古くから知られていたが、天皇の宮殿所在地に関してはながらく注目されてこなかった。

近世の地誌では、『和州旧跡幽考《わしゅうきゅうせきゆうこう》』（林宗甫《はやしそうほ》、一六八一年〔延宝《えんぽう》九〕）や『大和志《やまとし》』（並河誠所《なみかわせいしょ》、一七三四年〔享保《きょうほ》一九〕）などが飛鳥の宮をとりあげている。国学者でもある本居宣長《もとおりのりなが》は、『菅《すが》笠日記《かさのにっき》』（一七七二年〔明和《めいわ》九〕）で「いまの岡といふ所はすなはち日本紀に飛鳥岡とあるところにや。さらば岡本宮もその傍とあれば遠からじとぞ思ふ。又清御原《きよみはら》宮はその南とあんなればその跡も近きあたりなるべし」と記し、正確な場所はわからないながらも『日本書紀』にみえる岡本宮・浄御原宮の場所について思いをめぐらせた。

明治時代以降の飛鳥研究では、喜田貞吉《きたさだきち》の研究が注目される。喜田は『帝都』において、飛鳥板蓋宮を岡・島庄《しまのしょう》付近、飛鳥岡本宮を飛鳥から雷丘《いかずちのおか》にかけて、飛鳥浄御原宮を飛鳥小学校敷地付近に比定した。しかし、このころまでの研究は遺跡の発掘調査を経たものではなく、文献史料や地名などから推測するというものであった。

飛鳥宮の発掘調査

飛鳥宮の発掘調査が開始された契機は、吉野川から奈良盆地へ灌漑用水を引く「吉野川分水《よしのがわぶんすい》」の計画がもちあがったことである。飛鳥を横断するルートが含まれることから遺跡への影響が危惧されたため、『奈良県高市郡志料』が飛鳥板蓋宮跡に比定している「立神塚《たちがみづか》」周辺を調査することとなった。

この調査には平城宮跡《へいじょうきゅうせき》発掘調査で成果をあげていた奈良国立文化財研究所があたり、飛鳥寺（一九五四年）・川原寺（一九五七年）の発掘調査に引きつづいて一九五九年に実施し、一本柱列《いっぽんばしられつ》（図3）や石敷き遺構、建物跡などを検出した。翌年からは奈良県が調査をおこない、一九六三年度の調査で井戸跡などを検出した（図4）。

当時、発掘調査にあたっていた網干善教《あぼしよしのり》氏は「井戸枠が姿を現した。幅二二〜二四センチもある桧の角材。木の肌色は、いま製材所で切りたてた如く生々しい色である。恐らく千数百年間、地下水に浸り、埋もれ、空気にふれることがなかったからであろう。それにしても実に鮮

図3 ● 最初の調査で発見された内郭北柱列
中央に柱穴が東西一列にならび、南北両側に石組みの雨落ち溝がある。この遺構の発見によりここに飛鳥宮があったことが確認された。のちにこの柱列はⅢ期遺構内郭の北辺を区画する施設であることが判明した。

やかな色あいである」と井戸枠を発見したときのことを『飛鳥の遺蹟』に記している。この井戸跡は現在、伝飛鳥板蓋宮跡の一角に復元整備してある。

その後、奈良県立橿原考古学研究所が飛鳥宮の発掘調査を継続しておこない、現在、第一七五次調査まで実施している。また周辺では、酒船石《さかふねいし》遺跡、飛鳥池《あすかいけ》工房遺跡、飛鳥寺西方《あすかでらせいほう》遺跡などでも発掘調査がおこなわれ、飛鳥時代の遺構が広く展開していることが判明している。

三時期の宮殿遺構

これまでの飛鳥宮の発掘調査によって、少なくとも三つの時期の宮殿遺構が重なって存在することが判明している。古いものから順にⅠ期遺構、Ⅱ期遺構、Ⅲ期遺構に時期区分されている（**図5**）。

時期区分と宮名比定（遺構が文献史料にみえるどの宮に該当するのか）は、遺

図4 ● 井戸の遺構
Ⅲ期遺構内郭東北隅でみつかった。まわりを石敷きで何重にもかこみ、格式が高い。井戸の底には井戸枠が残っていた。水を清浄に保つために小石を敷きつめている。

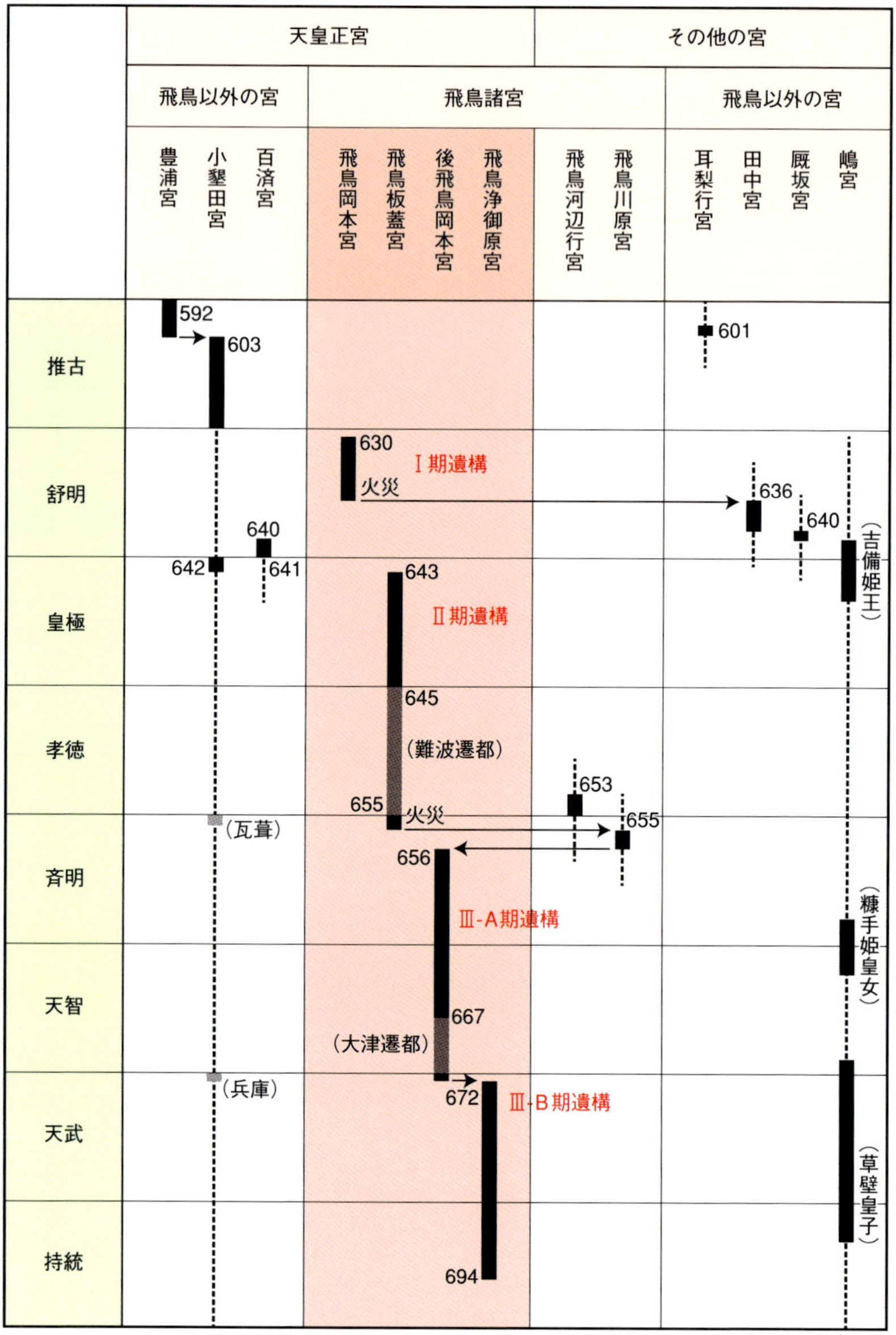

図5 • 飛鳥諸宮の変遷

『日本書紀』にみえる7世紀の宮の変遷を図にしたもの。正宮のうち「飛鳥」を冠するものがⅠ期〜Ⅲ期遺構に該当し、継続的に営まれたことがわかる。

構の重複関係や土器・木簡などの出土遺物から新旧関係や時期を判断して、最終段階のⅢ期遺構後半（Ⅲ—B期）が七世紀最後の飛鳥宮である飛鳥浄御原宮に該当し、Ⅲ期遺構前半（Ⅲ—A期）が後飛鳥岡本宮にあてはまると考えられている。Ⅲ—A期とⅢ—B期の違いは第3・4章で述べるが、東南郭《とうなんかく》（エビノコ郭ともよばれる。「エビノコ」とは所在地の小字名）がつけくわえられたり、内郭《ないかく》の一部が改築されている程度であって、全面的な変更ではない。

それ以前の遺構については、Ⅱ期遺構は七世紀中ごろのもので飛鳥板蓋宮に、Ⅰ期遺構はⅡ期遺構よりも古いもので、飛鳥岡本宮に比定されている。

各時期の遺構の全体像はまだ明らかになっていないが、これらの宮名比定はおおむね妥当と考えられる。本書の記述もこの宮名比定にもとづいておこなうこととする。

なお、宮名比定についてはこれ以外にも諸説あり、Ⅲ期遺構の成立は後飛鳥岡本宮とみなすよりも飛鳥浄御原宮として造営されたものととらえる考え方もあり、今後も検討を続けることが求められる。

こうした宮の形態や発展過程を解明することは、史料の乏しい飛鳥時代の研究においては重要な課題である。それは単純に宮殿の豪華さや壮大さを知ることが目的ではなく、宮の建物の配置や施設の使用形態などの研究を通じて、天皇と臣下《しんか》の関係性やその変遷を解明することである。そのことは飛鳥時代の朝廷のあり方や発達過程を具体的に明らかにすることでもあり、文献史料と遺跡・遺物の両面から律令国家の形成過程を確認することができる非常に希有な例といえるだろう。

第2章　飛鳥岡本宮・飛鳥板蓋宮

1　最初の飛鳥宮、飛鳥岡本宮

舒明天皇の宮

六二八年（推古《すいこ》三六）に推古天皇が崩御すると、後継者をめぐって対立が起こる。皇位継承候補者には山背大兄皇子《やましろのおおえのみこ》（聖徳太子の子）と田村皇子《たむらのみこ》（敏達《びだつ》天皇の孫）がいたが、蘇我蝦夷《そがのえみし》の推す田村皇子が即位して舒明天皇となった。舒明天皇は即位の翌年、雷丘付近にあった小墾田宮から飛鳥の地に宮を遷す。

『日本書紀』舒明二年（六三〇）一〇月癸卯《きぼう》条に「天皇、飛鳥岡の傍《ほとり》に遷《うつ》りたまふ。是《これ》を岡本宮と謂《い》ふ」という記事がある。飛鳥岡は現在、岡寺がある丘陵（いわゆる岡寺山）のことで、その麓に宮を造営したことになる。I期遺構がこの飛鳥岡本宮に比定されている（**図6**）。

飛鳥宮でみつかる遺構の大半は、方位を南北に合わせてつくられている。しかし、I期遺構

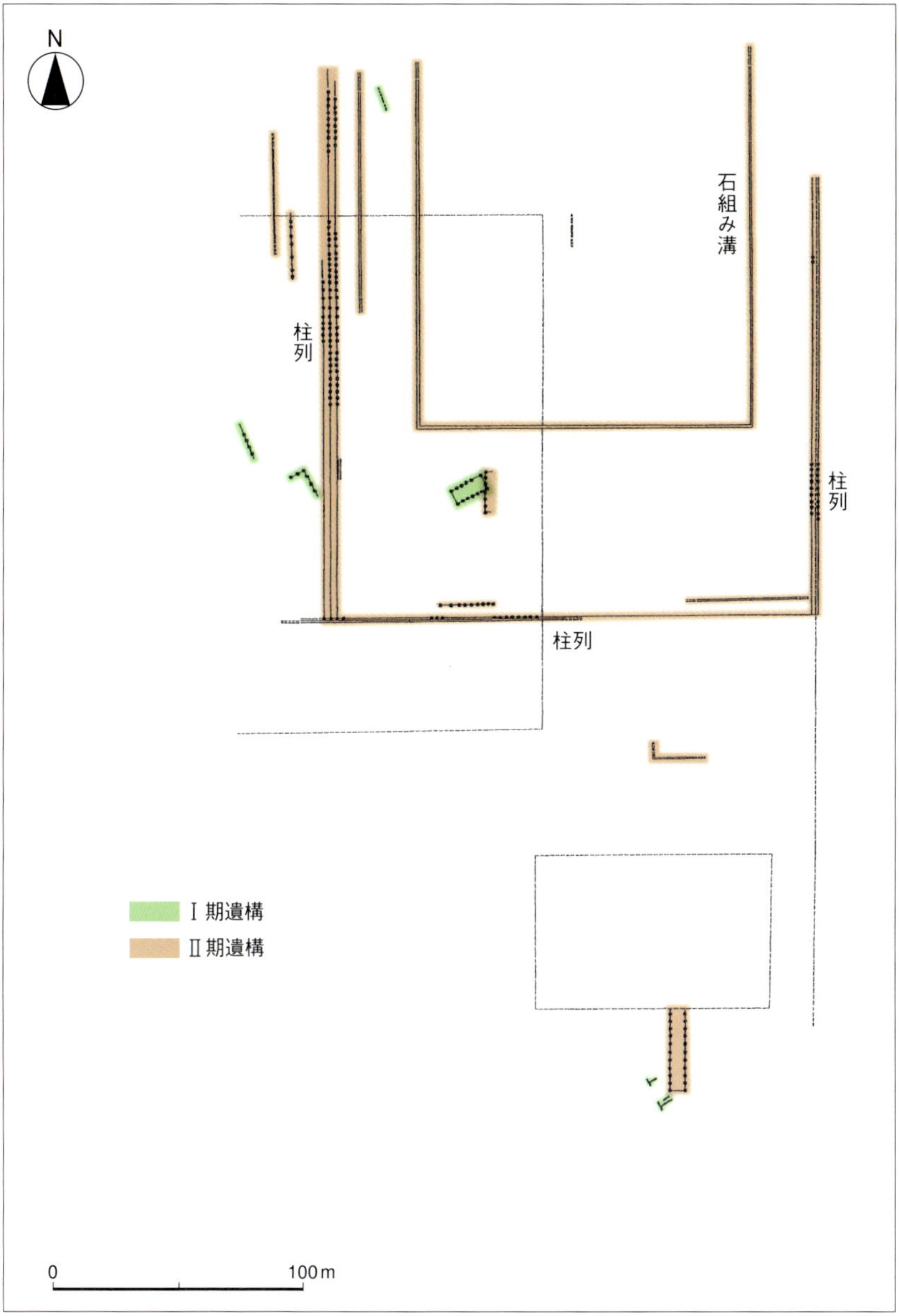

図6 ● Ⅰ期・Ⅱ期遺構図
方位が北で西へ20度ほど振れている遺構がⅠ期遺構、東西南北に方位をあわせた遺構がⅡ期遺構である。どちらも検出事例が少ないが、Ⅲ期遺構と重複していて、同じ場所に繰り返し宮が営まれたことがわかる。

はこれらとは異なり斜行している。検出事例は少ないが、斜行する遺構はいずれも方位が北で約二〇～二五度西にふれる。南東から北西方向に流れる飛鳥川右岸の河岸段丘上に立地することから、当時の地形にあわせて建物を配置したのだろう。

これまでに検出されている斜行する遺構には、石敷きや石列《いしれつ》、柱列《はしられつ》などがあり、重複関係などから七世紀第2四半期～七世紀中ごろのものとみられている。

飛鳥時代の宮殿は礎石建ち・瓦葺きではなく、地面に穴を掘って柱を立て穴を埋めて固定した掘立柱建物《ほったてばしらたてもの》（**図7**）で、屋根材は檜皮葺《ひわだぶき》か茅葺《かやぶ》きだったとみられる。発掘調査では、検出

図7● Ⅰ期遺構（西から）
方位にあわせて設定した調査区に対して、柱列の方向が斜めに振れているのがわかる。

図8● Ⅰ期遺構の柱穴の断面
柱の抜き取り穴には赤く焼けた土が入っており、建物が火災に遭ったことを物語る。柱穴が比較的浅いのは、Ⅱ期遺構造営時に削られたのであろう。

面で建築時の柱を立てるために掘られた柱掘方《ほりかた》や建物解体時の柱の抜き取り穴がみつかる。この柱穴の配置などから建物を復元するのが調査の基本である。

火災で焼失

Ⅰ期遺構は火災に遭っているらしく、柱列の柱抜き取り穴には多量の炭や焼土が入っていた（図8）。『日本書紀』舒明八年（六三六）六月条には「岡本宮に災《ひつ》けり。天皇、遷りて田中宮に居《ま》します」という記事があるので、柱穴にみられる火災の痕跡とも関連づけることができる。

舒明天皇はこの後、六三九年（舒明一一）七月に、百済川の側に大宮《おおみや》と大寺《おおでら》を造営したことが『日本書紀』にみえる。大寺（百済大寺）は発掘調査によって桜井《さくらい》市吉備《きび》にある吉備池廃寺《きびいけはいじ》であることが判明していて、大宮（百済宮）もこの付近と考えられる。六四〇年（舒明一二）一〇月には「百済宮に徙《うつ》ります」とあるので、拠点を飛鳥から磐余《いわれ》とよばれる地域へ移そうとしたことがみてとれる。舒明天皇は翌年に百済宮で崩御《ほうぎょ》するが、それまでの天皇とは異なって蘇我氏と一定の距離を保とうとしたと考えられている。

2　乙巳の変の舞台、飛鳥板蓋宮

皇極天皇の宮

舒明天皇が崩御すると、翌年に皇后が即位して皇極《こうぎょく》天皇となり、さっそく、あたらしい宮を造営する。六四二年（皇極元）九月に「是の月に起《おこ》して十二月より以来《このかた》を限りて、宮室を営《つく》らむと欲《おも》ふ。国国に殿屋材を取らしむべし。然《しか》も東は遠江《とおとうみ》を限り、西は安《あ》芸《き》を限りて、宮造る丁《よほろ》を発《おこ》せ」という詔によって宮の造営がはじまった。これが飛鳥板蓋宮である。

天皇は同年一二月にいったん小墾田宮の権宮《かりみや》（一時的な宮）に遷った後、六四三年（皇極二）四月に「権宮より移りて飛鳥の板蓋の新宮に」入った。造営開始から七カ月後のことである。「板蓋宮」という宮名は板葺き屋根という特徴によるものとみられる。当時、板葺きの宮殿はめずらしかったのであろう。

飛鳥板蓋宮は、蘇我本宗家を滅ぼした六四五年（皇極四）六月のいわゆる乙巳《いっし》の変の舞台として有名で、その様子が『日本書紀』にくわしくみえる。記事には「大極《おおあん》殿《どの》」「十二通門《よものみかど》」といった施設名が登場するが、これらはおそらく後世の知識にもとづく脚色であろう。

飛鳥板蓋宮に比定されるII期遺構からは七世紀中ごろの土器が出土し（**図9**）、造営の方位を南北方向にあわせたものであることが判明している（**図6参照**）。飛鳥岡本宮が自然地形にあ

図9 ● II期遺構造営時の土器
灰色の土器は登り窯で焼いた須恵器、橙色の土器は素焼きの土師器。時期によって土器の構成や形、大きさ、細部のつくりが微妙に違い、年代をきめる根拠となる。

わせて斜めの方位で建てたのに対して、Ⅱ期遺構の飛鳥板蓋宮は大規模な造成をおこなうことで広い平坦地をつくりだし、東西南北に方位をあわせて設計された広い宮を造営したのである。

柱列と溝で区画されたⅡ期遺構

飛鳥宮では、Ⅱ期遺構の検出事例はあまり多くない。これは、Ⅱ期遺構がⅢ期遺構と重複しているので、発掘調査でⅡ期遺構を追求することはⅢ期遺構を壊すことになり、部分的にしか遺構を検出していないためである。

Ⅱ期遺構は、宮殿中枢部をかこむとみられる柱穴列がこれまでに判明している。南を一本柱列と石組み溝で、東を二本の柱列で、西を三本の柱列で、東西約一九三メートル、南北一九八メートル以上の範囲をかこんでいる（図10）。

東側と西側は単廊《たんろう》（柱列の片側が通路になっているもの）または複廊《ふくろう》（柱列の両側が通路になっているもの）が中枢部をかこんだと推測できる。その内部は、南・東・西を石組み溝によって方形に区画しているが、宮の中心となる建物跡はみつかっていない。

図10 ● Ⅱ期遺構の南辺の掘立柱列
Ⅱ期遺構は複数の柱列が中枢部をかこんでいる。南辺では2本の柱列がみつかった。柱列の南側（左側）の石敷きの溝もⅡ期遺構である。

難波宮へ

蘇我本宗家を滅ぼした後、皇極天皇は孝徳《こうとく》天皇に譲位し、宮は難波長柄豊碕宮（大阪市中央区）に遷される。そして孝徳天皇が六五四年（白雉《はくち》五）に難波宮で崩御すると、皇極天皇は重祚《ちょうそ》し、斉明天皇としてふたたび飛鳥板蓋宮に戻る。

しかし、六五五年（斉明元）の冬に飛鳥板蓋宮は火災に遭い、飛鳥川原宮へ一時的に遷って、新たな宮（次章で扱う後飛鳥岡本宮）を造営することとなった。

Ⅲ期遺構（後飛鳥岡本宮・飛鳥浄御原宮）との位置関係は、Ⅱ期遺構の南西にⅢ期遺構が一部重複しながらも斜めにずれている。Ⅲ期遺構の中枢部はⅡ期遺構のそれとは意図的に位置を変えて造営したのであろう。

なお「伝飛鳥板蓋宮跡」として観光客がよく訪れる場所は、飛鳥板蓋宮であるⅡ期遺構のほぼ中央に近い場所である（**図11**）。しかし、現地に復元してある石敷きや溝、井戸などは、次章以降で紹介するⅢ期遺構のものであるので注意が必要である。

図11 ● 伝飛鳥板蓋宮跡
「伝飛鳥板蓋宮跡」は国史跡に指定された時の名称である。復元されている井戸跡や柱などの遺構はそれより一段階新しいものだが、発掘調査の成果から飛鳥板蓋宮がこのあたりにあったとみてよい。

第3章　後飛鳥岡本宮

1　斉明天皇の宮

『日本書紀』斉明二年（六五六）是歳条に「飛鳥の岡本に、更に宮地《みやどころ》を定む。……為《ため》に紺《ふかきはなだ》の幕《あげはり》を此の宮地に張りて、饗《あへ》たまふ。遂に宮室を起《た》つ。天皇、乃《すなは》ち遷りたまふ。号《なづ》けて後飛鳥岡本宮と曰《い》ふ」とある。

斉明天皇は、飛鳥板蓋宮が火災に遭い一時的に飛鳥川原宮に遷ったのちに、後飛鳥岡本宮に入る。この「後飛鳥岡本宮」の宮名は、同じ場所にかつて営まれていた舒明天皇の飛鳥岡本宮に対して「後」をつけて区別したものである。

後飛鳥岡本宮の詳細について『日本書紀』は残念なことにこれ以上記していないが、その具体的な姿が発掘調査によって明らかにされており、Ⅲ—A期の遺構が後飛鳥岡本宮に比定される（図12）。

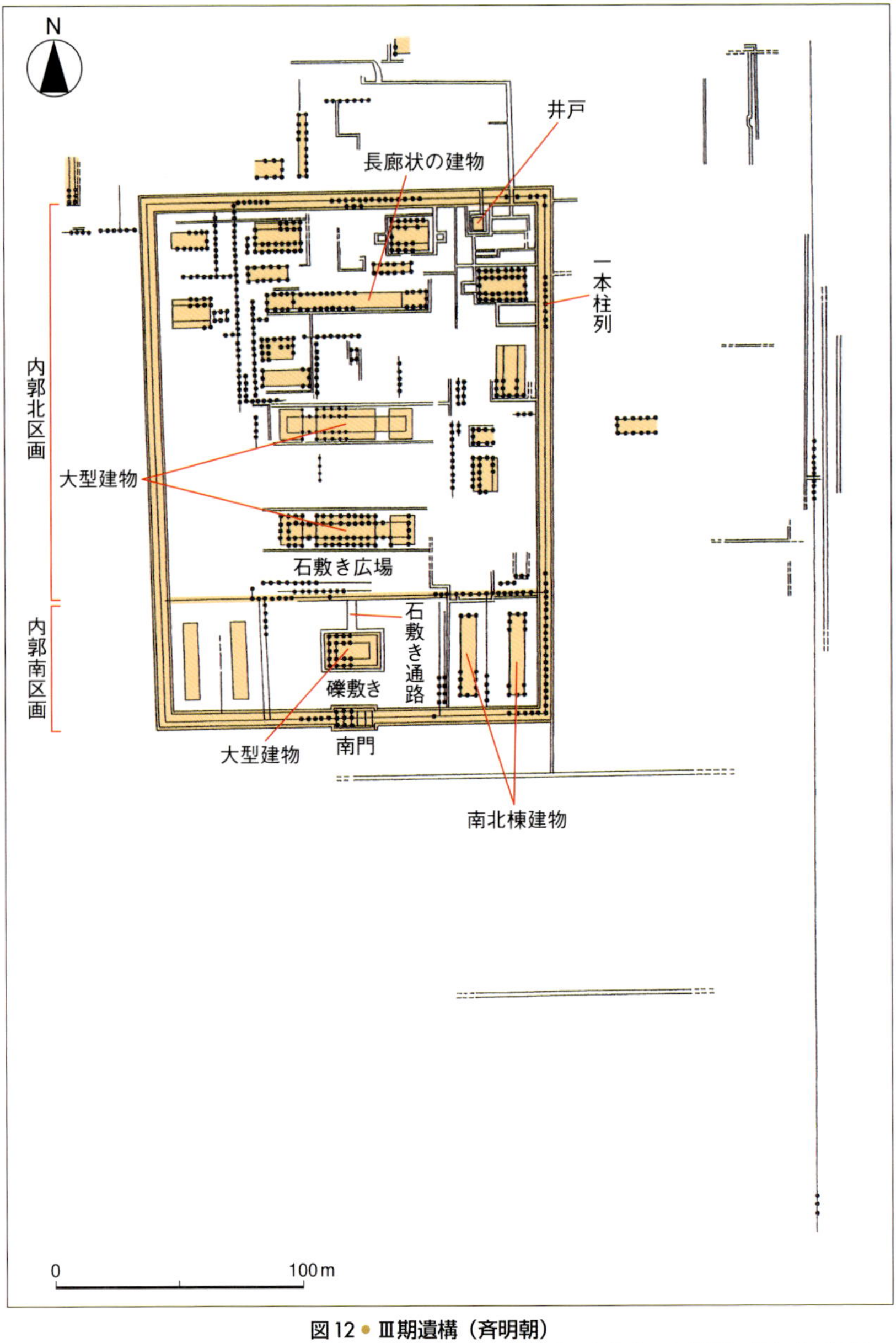

図12 ● Ⅲ期遺構（斉明朝）
内郭が宮の中枢部で、南北2つの区画に分かれている。
南北で建物の構成や地面の舗装方法などが異なっていて、
施設の性格に違いがあったことがわかる。

Ⅲ―A期の遺構

宮の中心部分は、一本柱列の塀でかこんだ南北一九七メートル、東西一五二〜一五八メートル（中軸線で反転復元すると南辺が短く北辺が長いため完全な長方形ではない）の区画で、内《だい》裏《り》に相当する部分であることから「内郭」とよばれる。

現在は家が建て込んでいるためわかりにくいが、明日香郵便局の裏が内郭の南辺、郵便局から北にむかってのびる狭い道が内郭のほぼ東辺、内郭北辺は伝飛鳥板蓋宮跡の復元井戸の北側にあたる。西辺は後世の飛鳥川の氾濫によって削られ、崖になっている。

内郭をかこむ一本柱列が、北面・東面・南面でみつかっている（**図13**）。柱間約二・七メートルで、直径三〇〜三五センチの掘立柱を一列にならべ、柱列から約三メートル離れた両側に石組みの溝を設けている。

前期難波宮跡・近江大津宮跡の発掘調査成果では、内裏をかこむ施設は、複廊とよばれる形式の廻廊《かいろう》状施設であったことが判明している。これらの宮では柱が三列でならぶのに対して、飛鳥宮では前述のように一列しかみつかっていない。

しかしこれは、たとえば地面に置いた横

図13 ● 地中に残る内郭東辺の柱列
抜き取られずに切り取られたものは、地中に埋もれたままで残っていた。柱材が腐り空洞となって痕跡だけが残るものもある。

材（地覆《じふく》）の上に柱を立てるなど、基礎部分の構造の違いによるものと考えられ、飛鳥宮でも他の宮と同様に廻廊状施設であった可能性が高い。

内郭南区画

内郭南区画は、南門・大型建物・脇殿・庭によって構成され、政務・儀礼の空間として用いられた。

南面中央に東西五間×南北二間の南門（図14）を設け、両脇に塀となる柱列が東西にのびている。南門を入ると、なかには礫敷《れきじ》きが広がり、その中心に大型建物がある。

大型建物は四面に廂《ひさし》がめぐる格式の高い建物（図15）で、その規模は東西七間×南北四間と大きい。柱間は建物の中心部分である身舎《もや》が梁行《はりゆき》・桁行《けたゆき》ともに一〇尺（約三メートル）、廂の出が九尺（約二・七メートル）である。上部構造については未解明である。

南区画の中心建物の北側には、内郭北区画へ至る石敷き舗装した幅約三メートルの通路がある。これは、天皇が内郭南区画の中心建物に出御《しゅつぎょ》するときに、内郭北区画から南区画へ進むための通路と考えられる。

南区画中央部の礫敷きは、地面を平らに整地した上にこぶし大の石を敷きつめた舗装方法で、

図14●内郭南区画の南門
写真中央の柱穴が3列ならんでいるのが南門で、左につづく一本柱列が塀。その両側に石がつらなっているのが雨落ち溝。南門外側（写真下）の広場が礫敷き舗装されているのがよくわかる。

臣下の立ち入る空間を示すものと考えられ、ていねいな石敷きを施した内郭北区画とは対照的である。同じような礫敷きは内郭南門前や東南郭（エビノコ郭）にもあり、施設の性格を考えるうえで重要な判断材料となる。

内郭南区画東部には、南北一〇間×東西二間の南北棟建物が東西にならんで建っている（図16）。南区画中心建物と東部の南北棟建物のあいだを南北方向の柱列で区画し、南北棟建物の周囲を中央部と同様に礫敷きで舗装している。これは臣下が控えているための施設とみられる。南区画西部では南北棟建物の検出例がなく不明であるが、東側を参考に左右対称に復元している。

図15 ● 内郭南区画中央の大型建物
西側半分を調査した。東西南北4面に廂をもつ格式高い建物で、周囲に石敷きが帯のようにみえる。正面に階段はなく、天皇が出御するための建物である。

図16 ● 内郭南区画東部の南北棟建物
2つならぶ南北棟建物のうち、西側の建物の南端部分が姿をあらわした。大臣や大夫が侍候した「庁」か。

なお、南区画中心の大型建物の造営時期に関して、建物周辺の礫敷き下の整地土から出土した土器の年代を、後述する水落《みずおち》遺跡（斉明朝）出土土器よりも新しいとみて、中心建物の造営は六七〇年以降である可能性が高いとする見解がある（図17）。

この場合、Ⅲ期当初には内郭南区画中央部に大型建物がなく広場だったことになり、南区画は東西に庁（マツリゴトドノ）を配した朝庭と考えることも可能である。たしかに近江大津宮跡でも内裏南門の北側に大型建物がみつかっていないので、飛鳥宮Ⅲ―A期とともに南区画中央部相当部分が朝庭であった可能性もあろう。ただし年代を見直す根拠となる土器の点数が少

図17 ● Ⅲ期遺構造営時の土器
Ⅲ期遺構の宮殿をつくるために造成した土から出土したもの。図9のⅡ期遺構造営時の土器との違いがわかるだろうか。

図18 ● 内郭北区画南端の石敷き広場
内郭南区画の礫敷きに対して、北区画は人間の頭ほどの大きさの石を精緻に敷きつめている。この舗装の違いが施設の格の違いを視覚的にあらわしている。

ないため、今後のさらなる検証が必要である。

内郭北区画

内郭南区画と北区画は、東西方向の柱列によって明確に区切られる。この南区画と北区画の境界はⅡ期遺構南辺の柱列とも一致し、宮殿造営時に前段階の宮殿の配置の影響を受けたか、共通する宮殿設定の基準線が存在しているようである。

内郭北区画と南区画は、三列の塀で仕切られている。内郭北区画には、中軸線上にまったく同じ平面構造の大型建物二棟が南北に並び、その北側は長廊状の建物を中心に建物群が展開する。内郭北区画は南区画とは異なり、ほぼ全面を人頭大の石敷きでていねいに舗装してあり（図18）、両区画の性格の違いを際立たせている。

南北にならぶ大型建物

内郭北区画の南端には、東西七五〜八〇メートル、南北一二・五メートルの石敷き

図19 ● 内郭北区画の南側大型建物
東西8間×南北4間の大型建物を横からみたところ。床下部分の土が少し黄色くみえるのは、柱を立てた後に黄色い山土でていねいに化粧してあるため。

広場があり、その北側に大型建物が建つ（図19）。

　この建物は東西八間×南北四間で、南北に廂がつく（図20）。柱間は桁行が約三・〇メートル（一〇尺）、梁行が身舎部分で約三・一メートル（一〇・五尺）、廂部分が約三・〇メートル（一〇尺）である。東西両側に東西三間×南北四間の付属建物を配し、中央の建物と両脇の建物を南北二間×東西二間の廊下状の建物で結ぶという、これまでに例のない形をしている。西側の付属建物は、後に池状遺構に改変されたらしいことも調査で判明している。

　そして、この大型建物が発見された二年後、道路をはさんだ北側で実施した調査で、あらたに大型建物を検出したのである（図21）。しかも、この建物は南側の大型建物とまったく同じ形であった。ほかに例のない形の大型建物が、同じ形で南北にならびたつのは予想外のことで、調査当時は大いに驚かされた。

　北側の大型建物も、西側に小規模な掘立柱建物があり、やはり廊下状建物で接続している。東側の付属建物は未調査だが、左右対称で同様の建物が東側にも存在したと推測

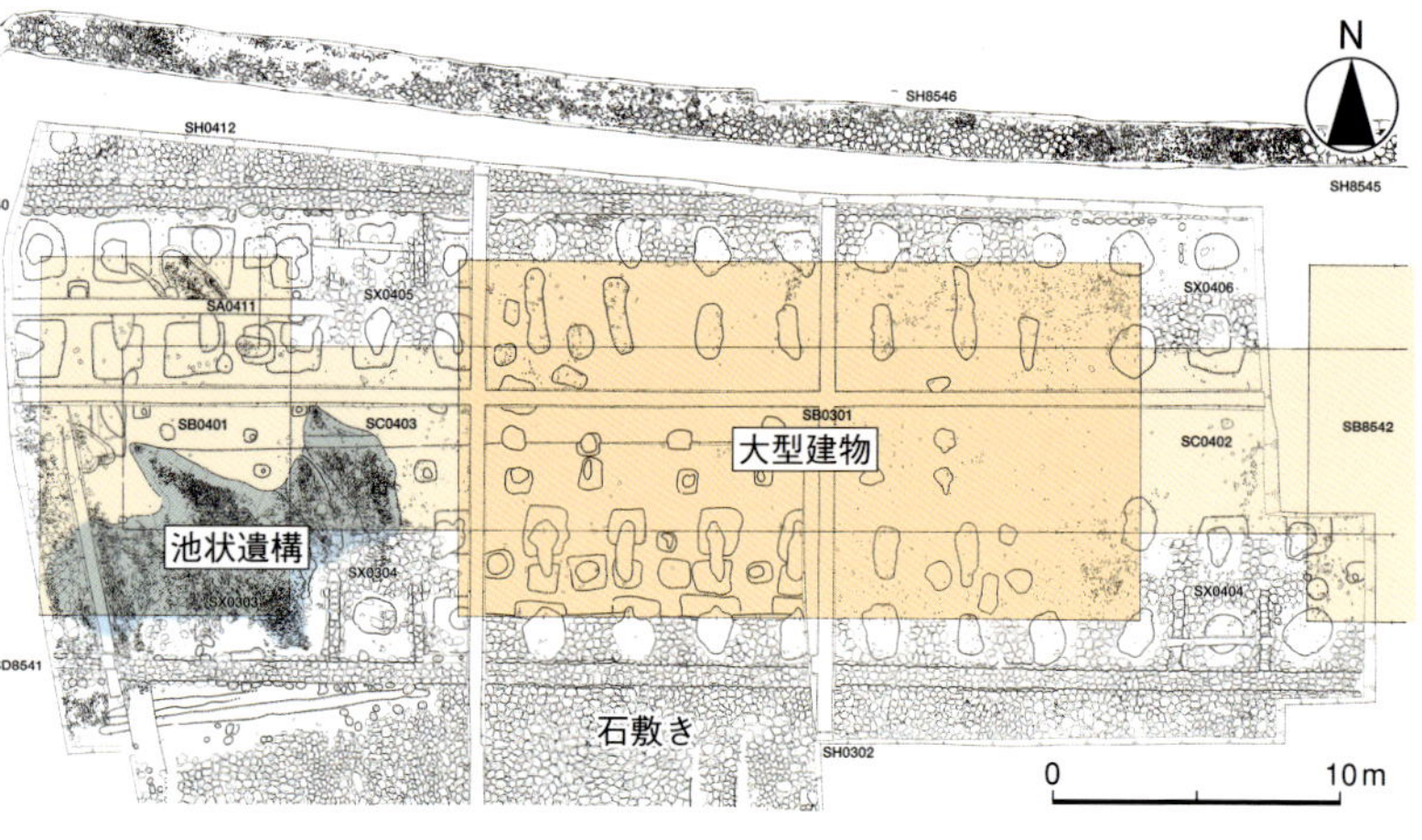

図20 ● 内郭北区画の南側大型建物図
中央に大型建物があり、東西両側には廊下で結ばれた付属建物がある。建物の周囲には石敷きと雨落ち溝がある。

できる。なお『日本書紀』天智一〇年（六七一）五月の記事に「天皇、西の小殿《こあんどの》に御《おはしま》す」とあるのも、もしかしたら近江大津宮に同じような形の建物があったのかもしれない。

また、南側・北側ともに中央建物と付属建物のあいだには、南面と北面で石敷き部分があり、柱穴四カ所がみつかっている。柱はすべて抜き取られているが、柱痕跡から柱は直径二五センチほどとみられ、調査報告書では幢幡《どうばん》や旗竿《はたざお》を立てたとみている。

ただし、平城宮大極殿前庭などに立てられた幢幡は、建物南面に七本（烏《からす》・日月《ひつき》・四神《ししん》）が東西にならぶもので形が異なる。いずれにせよこの部分は建物の軒下でなかったことは確実であろう。

平城宮内裏と類似の配置

まったく同じ形の大型建物が南北にならぶという結果は、北区画中央部分の調査前にはまったく想像していなかったことだが、同規模の大型建物が南北にならぶ配置は、じつは平城宮内裏にもみられる。

たとえば、平城宮内裏の第Ⅰ期～第Ⅲ期の正殿《せいでん》は、大きくみれば飛鳥京跡内郭北区画の二棟の大型建物と同様の配置である（**図22**）。こうした建物配置は天皇の宮殿中枢部に一貫

図21 ● 内郭北区画の北側大型建物
内郭中央部分で南側大型建物（図19）とまったく同じ建物がみつかった。こちらが天皇の内裏の中心になるのであろう。

してみられる伝統的な特徴と考えることができ、少なくとも斉明朝までさかのぼる可能性が高いといえよう（ただし藤原宮については内裏相当部分に溜め池があり、発掘調査をおこなっていないため、遺構についてはいっさい不明である）。

内郭北区画北部の建物群

北区画の北部には、二面に廂のつく格式の高い建物が多く建ちならび、規模も七間×五間などと大きい。建物妻部分の雨落《あまお》ち溝に凸状の部分があり、階段を備えていたとみられるものが二棟ある。階段の出から推定できる床面の高さは一・六〜二・三メートル、建物内部に床を支える床束《ゆかつか》とみられる角材が残っていることから、高床の掘立柱建物と考えられる。

これらの建物の性格づけはむずかしいが、規模の大きさ、床が高く階段を覆う屋根（階隠《はしかくし》）を有するものもあることなどいずれも格式が高い建物であることから、天皇の日常的な居住空間などの施設であったとみられる。

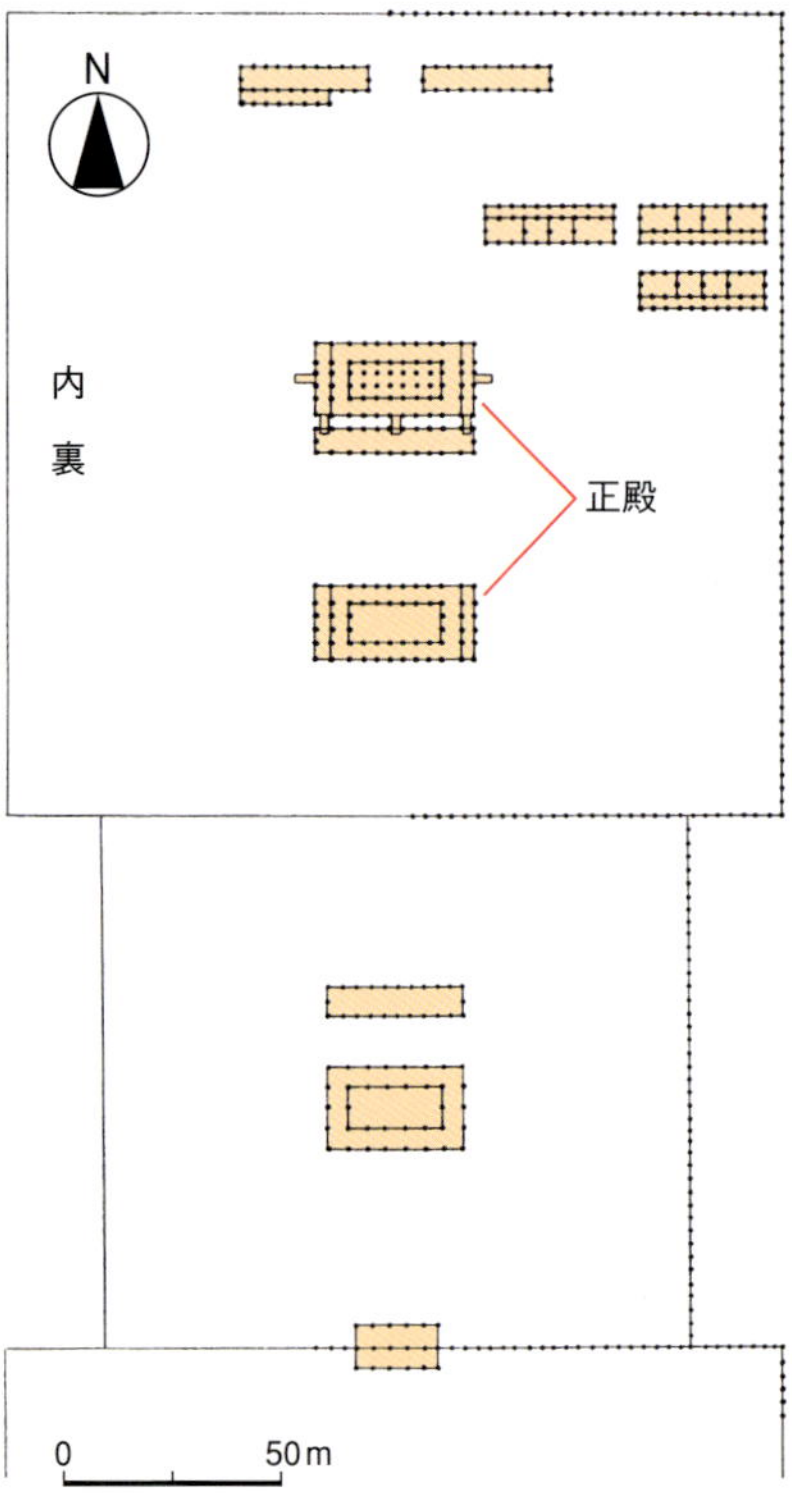

図22 ● 平城宮内裏図
上（北側）が飛鳥宮の内郭北区画に、下（南側）が内郭南区画に相当する。上（北側）の区画の中央と南にはやはり同じ規模の大型建物がならんでいる。

2　酒船石・亀形石槽・「狂心の渠」

斉明天皇の「興事」

『日本書紀』斉明二年（六五六）是歳条には、斉明天皇が後飛鳥岡本宮に遷った記事に続けて、つぎのような記事を載せている。

「田身嶺《たむのみね》に、冠《かうぶ》らしむるに、周《めぐ》れる垣《かき》を以《も》てす。〈田身《たむ》は山の名なり。此をば太務《たむ》と云《い》ふ。〉復《また》、嶺の上の両《ふた》つの槻《つき》の樹の辺《ほとり》に、観《たかどの》を起《た》つ。号《なづ》けて両槻宮《ふたつきのみや》とす。亦《また》は天宮《あまつみや》と曰ふ。時に興事《おこしつくること》を好む。廼《すなは》ち水工《みずたくみ》をして渠穿《みぞほ》らしむ。香山《かぐやま》の西より、石上山《いそのかみ》に至る。舟二百隻を以て、石上山の石を載《つ》みて、流《みず》の順《まま》に控引《ひ》き、宮の東の山に石を累《かさ》ねて垣とす。時の人の謗《そし》りて曰はく、『狂心《たぶれこころ》の渠。功夫《ひとちから》を損《おと》し費《ついや》すこと、三万余。垣造る功夫を費し損すこと、七万余。宮材爛《ただ》れ、山椒埋矣《やまのすえうずも》れたり』といふ。又、謗りて曰はく、『石の山丘を作る。作る随《まま》に自《おの》づから破《こぼ》れなむ』といふ。〈若《も》しは未《いま》だ成《な》らざる時に拠《よ》りて、此の謗を作《な》せるか。〉又、吉野宮《よしののみや》を作る」

すなわち、時の人はつぎの①②について無駄な工事だと非難したという。

図23 • **酒船石**
古くから謎の石造物としてよく知られる。巨大な石の上面に４カ所の皿状のくぼみがあり、細長い溝で結ばれている。その用途は今なお不明である。

①多武峰に石垣をめぐらせて、山頂にある二本の槻木のあたりに両槻宮をつくった。
②香具山の西から石上山まで水路を掘り、舟二〇〇隻で石上山の石を積んで運び、後飛鳥岡本宮の東の山に積みあげて石垣をつくった。
③吉野宮を造った。

これらは後の斉明四年（六五八）一一月壬午条にも「留守官蘇我赤兄臣《そがのあかえのおみ》、有間皇子《ありまのみこ》に語りて曰はく、『天皇の治《し》らす政事《まつりごと》、三つの失《あやまち》有り。大きに倉庫を起てて、民の財を積み聚《あつ》むること、一つ。長く渠水《みぞ》を穿りて、公粮《ひとのくらひもの》を損し費すこと、二つ。舟に石を載みて、運び積みて丘にすること、三つ』といふ」と書かれている。二つめと三つめは、先に掲げた『日本書紀』の記事の②に一致し、当時の人びとが驚くほどに大規模なものだったと想像できる。

これら斉明天皇がおこなった「興事」の一部は、発掘調査で該当する遺構がみつかっている。

「宮の東の山に石を累ねて垣とす」

「謎の石造物」として古くから注目された酒船石（図23）がある丘の一帯では、凝灰岩質細《ぎょうかいがんしつさい》

図24● 天理砂岩を積みあげた石垣
酒船石がある丘陵の調査では、砂岩の切石を積みあげた石垣が丘陵をとりまくようにみつかっている。砂岩は天理市石上町付近で産出するもので、斉明紀の記述と一致する。

粒砂岩《りゅうさがん》の切石を積みあげた石垣が丘をかこんでいることが発掘調査でわかり、酒船石遺跡と名づけられている（酒船石から北へ下る通路の脇に石垣の一部を露出展示してある）。この砂岩は「天理《てんり》砂岩」ともよばれ、天理市石上町《いそのかみちょう》（豊田山）あたりで産出するものである。砂岩の石垣は約七〇〇メートルにわたってみつかっている（図24）。さらに丘陵には版築《はんちく》によって土を積みあげてあり、飛鳥宮の東の丘を人工的に大規模に改変したことも判明している。

また、酒船石北側の丘陵裾では、谷奥部を石敷きで覆い、その中央に亀形石槽《せきそう》・船形石槽と取水塔を南北に配置した遺構がみつかっている（図25）。ここでは、何らかの祭祀がおこなわれたとみられている。

南端にある取水塔で湧きだした水が船形石槽に流れ、側面の穿孔部《せんこうぶ》から流れでて亀形石槽の口部分に注がれ、甲羅部分の水溜《みずため》を経由して尻尾部分から排出され、北側の石組み溝に導かれる構造である。出土する土器から七世紀中ごろにつくられ、一〇世紀はじめまで機能していたと考えられる。

図25 ● 亀形石槽・船形石槽と取水塔
丘陵裾の湧水が取水塔から流れでて、中央の船形石槽をへて、亀形石槽へと導かれる。導水施設を用いた祭祀がおこなわれたとみられる。

「狂心の渠」

飛鳥池工房遺跡から飛鳥坐神社《あすかにいますじんじゃ》にかけて「狂心の渠」とみられる七世紀の大溝がみつかっている。明日香村教育委員会による飛鳥坐神社南西の調査では、七世紀中〜後半の幅約一〇メートル、深さ一・三メートルの大溝が発見された（飛鳥東垣内《ひがしかいと》遺跡）。この溝は七世紀末に石積み護岸で改修し、幅を狭めながら九世紀まで存続したようである。

さらに、この大溝は現在の中ノ川に沿って天香久山の西を流れ、米川《よねかわ》へ接続したと推定される。中ノ川は幅約二五メートルの大規模なものであったことが香具山西麓の発掘調査で明らかになっており、これも「狂心の渠」の一部とみて誤りなかろう。

舟で石を運搬したという『日本書紀』の記事は、中ノ川から米川、寺川《てらがわ》、布留《ふる》川などを経て天理市石上と接続することが可能なので、天理砂岩が酒船石遺跡で多量に出土することとあわせて、ほぼ史実とみてよいだろう。

3　須弥山と漏刻

須弥山

『日本書紀』には「須弥山《すみのやま》の像《かた》を飛鳥寺の西に作る」（斉明三年〔六五七〕七月）、「甘檮丘《うまかしのおか》の東の川上《かはら》に須弥山を造りて」（斉明五年〔六五九〕三月）として、飛鳥寺の西側に須弥山《しゅみせん》をつくったことがみえる。

須弥山は仏教の世界の中心にある聖なる山である。斉明六年（六六〇）五月是月条では「石《いその》上池《かみのいけ》の辺《ほとり》に須弥山を作る。高さ廟塔《めうたふ》の如し」とみえ、一九〇二年（明治三五）に石神遺跡からみつかった三段分の須弥山石がこれに該当するとみてよい（国重要文化財に指定され、飛鳥資料館に展示されている）。

石神遺跡は飛鳥寺の北西に展開する遺跡で、斉明朝から天武・持統朝にかけての遺構がみつかっている。斉明朝には長廊状の建物にかこまれた大型建物が整然とならぶ施設があり、饗宴施設とみる説がある。みつかった須弥山石や石人像（**図26**）は斉明朝の迎賓館の庭園をかざった石造物であろう。

須弥山は、推古二〇年（六一二）是歳条にも、百済国から渡来した路子工《みちこのたくみ》に命じて小墾田宮の南庭に須弥山と呉橋《くれはし》をつくらせたことがみえ、小墾田宮・飛鳥寺の西などの地域で臨時につくった可能性が高い。

「飛鳥寺の西」に関しては「飛鳥寺の西の槻の下」（天武元年〔六七二〕六月）、「飛鳥寺の西の槻の下」（持統二年〔六八八〕一二月）としてもみえ、

図26 ● 石神遺跡から出土した須弥山石と石人像
斉明朝に多くつくられた、水の流れを利用した石造物。どちらの石造物も穴があけられていて水が噴きだす仕掛けになっている。石人像は口から水を吐きだしていた。

槻の樹がそのシンボルであったことがわかり、「法興寺の槻の樹の下」（皇極三年〔六四四〕正月）や「大槻の樹の下」（大化元年〔六四五〕六月）も同じ場所を指しているものとみてよいだろう。

これらの記事を信頼すれば、七世紀中ごろには、飛鳥寺の西側には槻の樹の広場がすでにあり、朝廷の儀式にしばしば用いられたらしい。しかし、斉明朝に須弥山をつくった場所は「飛鳥寺の西」とあるものの、槻の樹の表現は一貫してみられないことから、槻の樹の広場ではなく石神遺跡につくったようである。

須弥山では盂蘭盆会《うらぼんえ》などの仏教法要のほか、覩貨邏《とから》人・多祢嶋《たねのしま》人・蝦夷《えみし》・隼人《はやと》・粛慎《みしはせ》などの夷狄《いてき》の饗宴をおこなった。天武朝以降になって、饗宴の場は須弥山から槻の樹の広場へ移ったらしい。

現在、飛鳥寺西門跡と飛鳥川とのあいだには、西にむかって緩やかに低くなる平地が広がっている。この場所は「飛鳥寺西方《せいほう》遺跡」として発掘調査を実施し、飛鳥時代の石敷きや東西方向の石組み溝がみつかっている（**図27**）。遺跡の範囲は南北約二〇〇メートル、東西約一二〇メートルと推定され、広大な広場であったことがわかる。

図27 ● 飛鳥寺西方遺跡
飛鳥寺（写真左奥）と飛鳥川のあいだでみつかった広大な石敷き広場。「飛鳥寺の西の槻木の広場」であり、饗宴がおこなわれたほか、壬申の乱の時には宮を護るための陣営がおかれた。

漏刻

石神遺跡と飛鳥寺西方遺跡のあいだには、水落遺跡がある。旧飛鳥小学校（現在は明日香村埋蔵文化財展示室・あすか夢の楽市）南側の発掘調査で、一辺約一一メートルの正方形をした楼状建物がみつかった（図28）。内部にも柱が立つ総柱建物で、基壇面の約一メートル下には、柱を支えるための二四個の礎石がある。驚くべきことに礎石と礎石のあいだに石列による地中《ちちゅう》梁《ばり》をもつ堅固な構造で、基壇の周囲は石組み溝状の貼石《はりいし》遺構を施すというほかに例のない特殊なものであった。楼状建物は、囲郭建物によって四周をかこわれていた。

　さて、楼状建物の中央には、南北二・三メートル×東西一・六メートル、厚さ六〇センチの台石があり、その

図28 ● 水落遺跡と漏刻の復元
周囲に石貼りの堀がめぐる中央にある建物は強固な基礎であることから特殊な用途だったとみられる。建物の中央には花崗岩の台石があり漆塗りの箱の一部や銅管がみつかっている。漏刻（水時計）や送水のための施設とみられている。

上面に一・六八メートル×〇・八七メートル、深さ四センチの長方形にくぼみを彫っていて、内部に漆塗り木箱の一部が残っていた。木箱内の水は西方に排水されるようになっており、基壇には木箱を中心に木樋や銅管などの送水施設（須弥山石や石人像に給水したか）が埋設されていた。これらの遺構は、『日本書紀』の斉明六年（六六〇）五月是月に「皇太子《ひつぎのみこ》、初めて漏剋《ろこく》を造る。民をして時を知らしむ」とある、水時計に該当するとみてよいだろう（図28）。強固な建物は、時刻を告げ知らせるために鐘や太鼓を設置したものと考えられる。

4　飛鳥京跡苑池

「出水の酒船石」

Ⅲ期遺構内郭の北西で、「出水《でみず》の酒船石」とよばれる二石からなる石造物が、一九一六年（大正五）に掘りだされた（図29、現在、この石造物は京都市左京区の碧雲荘《へきうんそう》庭園に移されているため人目にふれる機会はないが、石製模造品が飛鳥資料館の庭園に展示してある）。石造物が出土したことは当時からよく知られていたが、庭園遺構の存在はまったく知られていなかった。橿原考古学研究所で長年にわたり飛鳥の調査・研究をしていた亀田博《かめだひろし》氏がこの場所に注目し、発掘調査を実施することとなった。

一九九九年一月より石造物が出土したという地点を中心に発掘を開始したところ、石敷きや護岸、石造物などが出土し、はじめて苑池《えんち》跡が明らかになった。この苑池は、Ⅲ期遺構と飛鳥川のあいだの南北二三〇メートル、東西一〇〇メートル以上の広大な庭園であることがその後の調査で判明し（図30）、「飛鳥京跡苑池《あすかきょうあとえんち》」として国史跡・名勝に指定されている。

飛鳥時代の池といえば方形池が主流であり、直線と曲線の構成によってデザインされ中島や島状石積みのある飛鳥京跡苑池は、形状や規模、細部の構造などにおいて飛鳥時代に対するそれまでの池の概念をくつがえすものであった。

飛鳥京跡苑池の石造物

まず、発見された石造物についてみてみよう。発掘調査はまず石造物が出土した「出水」から着手し、一九一六年にみつかった石造物の抜き取り穴を確認するとともに、その延長上の池のなかに、「流水施設《りゅうすいしせつ》第1石」と後によぶことになった石造物を発見した（図31）。

この第1石は高さ一・六八メートルの花崗岩《かこうがん》製で、頭部には直径九センチの孔を水平方向にうがち、頂部からも長方形の穴を彫り接続している。地山の岩盤上に高さ三〇センチの土台を築いて設置した後に敷石を施しているので、第1石は築造当初の位置を保っていることは間違いない。

第1石と一九一六年に発見された石造物（「第2石」「第3

図29 ● 出水の酒船石
1916年（大正5）に発見された当時の写真。掘りだされた後に復元的に組まれたものだが、発見時の状況がわかる。石造物の背後には飛鳥川とその奥に橘寺がみえる。

石」とよぶ）との位置関係は、第1石頭部の円孔、第2石の溝、第3石上面に彫りこまれたくぼみの中央にある先端にむけて細くなる浅い溝が一直線にならぶ。

しかしながら、各石の高さについては、第3石の台石は南岸護岸が兼ねており、第3石の設置された高さなどを考慮すると、第2石の先端（北端）は池底の石敷きに近い高さとなり、第1石の円孔部とは約一メートルの高低差があり、接続しないこととなる（**図32**）。これらの流水施設がどのように使用されたのかについては、まだまだ不明な部分が多い。

新たにみつかった石造物はもう一つある。長径二・七メートル、短径二・〇メートル、厚さ五五センチの石槽である。内部は槽状にくりぬき、容量は約三五〇リットルである。底面はほぼ水平で、隅には直径約四センチの水抜き孔がうがたれている。第1石から離れた場所にあるものの、底石の上に直接のっていることから原位置にある可能性が高い。

図30 ● 飛鳥京跡苑池の航空写真
飛鳥宮と飛鳥川にはさまれた南北に細長い範囲にある。南池から渡堤をはさんで北池があり、さらに北側に水路がのびている。北池と水路の西側には高まりが残っていて、建物跡がみつかっている。

庭園のデザイン

石造物が発見された南池《みなみいけ》は、方形を基調とした南北約五五メートル、東西約六五メートルの五角形の池で、南端は緩やかにカーブする（図33）。東岸は段丘崖の地形に合わせた石垣状の護岸で、高さ三メートル以上ある。池底は平らに敷石を施し、流水施設・島状石積み・中島を約一一メートル間隔で南北に配置している。中島は南北に張りだしをもつ曲線で構成し、周囲の護岸は垂直に石を積んでいる（図34）。これとは別に、南側には石を島状に積みあげた高さ六〇センチの島状石積みがある。

南池の北岸は幅五メートルの渡堤《わたりづつみ》が兼ね、その北は北池《きたいけ》となっている。渡

図31 • **石造物（第1石）**
池の中心に向かって立ち、孔がうがたれ池に向かって水を吐きだしていたとみられる。

図32 • **南池南岸と石造物の配列イメージ**
石造物の位置をCGで再現してみた。池の南側（写真右）から導水したとみられる。出水の酒船石と第1石がどのように接続されていたかはまだわかっていない。

堤は垂直に積みあげた石積みで護岸し、二カ所に木樋を設置して南池と北池の水位をそろえている。

北池は南北四六〜五四メートル、東西三三〜三六メートルの北西隅がまるい四角形で、深さは約三メートルもあり南池とは様相が大きく異なる（図35）。西岸南西隅と東岸北東隅では階段状の護岸を確認している。北池の東側は礫敷きの緩やかな斜面が広がっていたらしい。

北池から北へむかって幅六メートルの水路を設け、北池北端から約八〇メートル北で水路は西に折れ曲がる。池の水を飛鳥川へ排水するための施設であろう。この水路からは、後述するように七世紀後半から八世紀初頭にかけての木簡《もっかん》が多量に出土した。

『日本書紀』斉明朝には苑池のことはみえないが、土器や木簡などの出土遺物から斉明朝につくったものとみてほぼ間違いない。天武・持統朝には護岸の裾に幅二〜三メートルの敷石を追加するなどの改修をしたことも発掘調査で明らかにされている。『日本書紀』には「白錦御苑《しらにしきのみその》」という記述があり（天武一四（六八五）年一一月）、精緻な石敷きと石組みが白く輝く庭園はまさにその名にふさわしい。

図33 ● 南池（北東から）
南側（写真奥）が曲線状で全体に五角形をし、中央には島状石積みと中島が南北にならぶ。東岸（写真左側）は地形の高低差のため石垣状になっている。

その後の後飛鳥岡本宮

さて、斉明天皇は、唐《とう》・新羅《しらぎ》軍に攻められた百済を救援するため、六六一年（斉明七）正月に自ら船に乗り込んで難波を出発し、瀬戸内海を通って筑紫《つくし》に至る。しかし、その年の七月に朝倉《あさくら》宮で崩御し、一一月には大和へ戻され、飛鳥の川原で殯《もがり》がおこなわれた。

中大兄皇子《なかのおおえのみこ》（天智天皇）は即位せず政務を執り七年間すごすが（これを称制《しょうせい》という）、そのあいだの飛鳥宮については『日本書紀』にはほとんど語られていない。そして六六七年（天智六）三月に都を近江に遷し、翌年に即位するが、その後も飛鳥宮は留守官《るすのつかさ》によって維持されていたらしい。

図34 ● 中島と池底の石敷き
2本の柱がみつかった。池に張りだした木製の施設があったのであろう。柱の下半分は変色していないことから水深が約30cmとわかった。当時は澄んだ水のなかに美しい石敷きがよくみえていたであろう。

図35 ● 北池
底が平らで浅い南池と違って深く、岸は階段状になる。

第4章　飛鳥浄御原宮

1　壬申の乱と天武天皇の宮

壬申の乱

六六七年（天智六）三月、天智天皇は宮を飛鳥から近江大津宮（現在の滋賀県大津市）に遷し、翌年正月に即位した。

近江へ宮を遷したのは、当時の脅威であった唐・新羅に対する防衛のためとみられている。六六三年（天智二）に日本は白村江《はくすきのえ》の戦いで唐・新羅軍に大敗し、その後、筑紫に水城《みずき》をつくり、対馬に金田城《かなたのき》、讃岐に屋島城《やしまのき》を築くなどの防衛策をとっていた。

六七一年（天智一〇）、天智天皇は大友皇子《おおとものみこ》を太政大臣、蘇我臣赤兄《そがのおみあかえ》を左大臣、中臣連金《なかとみのむらじかね》を右大臣、蘇我臣果安《そがのおみはたやす》・巨勢臣人《こせのおみひと》・紀臣大人《きのおみうし》を御史大夫《ぎょしたいふ》（のちの大納言か）に任命した。しかし、その年の九月に天智天皇は体調を崩し、翌月に大海人皇子《おおあまのみこ》（後の天武天皇）は病床にあった天智天皇から即位の打診を受ける。だが、大海人皇子は固辞して皇位継承の意志がないことを示し、仏道を修めるとして出家して吉野（奈良県吉野郡吉野町）に入った。

そして一二月に、天智天皇は近江大津宮で崩御する。翌年五月、「近江朝廷が天智天皇の陵を造営すると称して多数の兵士を集めている」という情報を得た大海人皇子は行動を開始する。すぐに不破道《ふわのみち》（現在の岐阜県関ヶ原町）を塞がせ、伊賀・伊勢を経て美濃へ入り、東国の豪族を味方につけて対抗した。こうして近江朝廷側と大海人皇子側に分かれてくりひろげられた争いが「壬申《じんしん》の乱」である。壬申の乱に勝利した天武天皇は、宮を近江大津から飛鳥へ戻す。

天武天皇の宮

壬申の乱の後、天武天皇が飛鳥宮に入るまでの経過は『日本書紀』天武元年（六七二）の記事にくわしくみえる。それによれば、九月一二日に嶋宮に入り、三日後には嶋宮より岡本宮に移っている。

嶋宮は、現在の石舞台古墳周辺一帯にあったとみられる。飛鳥岡本宮がある明日香村大字岡と嶋宮がある明日香村大字島庄は南北に接した地域であり、岡本宮に入る前に嶋宮を経由したことには深い意味がある（第6章参照）。

そして「是歳《ことし》。宮室を岡本宮の南に営《つく》る。即冬《そのふゆ》、遷りて居《おは》します。是を飛鳥浄御原宮と謂《い》ふ」とあり、壬申の乱の後まず嶋宮、岡本宮（後飛鳥岡本宮）に入り、その年の冬に南に新たに宮室を造営して遷ったということである。

この記述にもとづくと、斉明朝の飛鳥宮の南に飛鳥浄御原宮を造営したことになるが、飛鳥京は壬申の乱の最中も留守司によって防衛されていたので、後飛鳥岡本宮はそのまま残されていたらしい。天武天皇はその後飛鳥岡本宮に入り、さらに手を加えて飛鳥浄御原宮としたというのが実際のところであろう。

飛鳥浄御原宮は天武天皇の宮であったが、皇后の持統天皇も六九四年（持統八）に藤原宮へ遷るまで飛鳥浄御原宮を引きつづき使用した。「飛鳥浄御原宮」という宮号は『日本書紀』天武元年是歳条に「是を飛鳥浄御原宮と謂ふ」とあるが、実際には天武天皇が崩御する直前の朱《あか》鳥《みとり》改元と同時に命名されたものである。その理由については、天武天皇の病気が続いたため平癒《へいゆ》を祈願してのものと考えられている。

Ⅲ―B期の遺構

前章でみたように、後飛鳥岡本宮はⅢ―A期の遺構に比定された。このⅢ―A期の内郭部分をほぼそのまま継承したうえで、後述するように東南郭を増設するなど周囲に改変を加えたものがⅢ―B期の遺構であり、これが時期的に天武・持統朝の飛鳥浄御原宮にあたる（図36・37）。

A期とB期のもっとも大きな違いは、この東南郭を設けたことであるが、最近の調査では、内郭の北西にも大型建物が存在したことが判明している。考古学的な知見からみて、飛鳥浄御原宮は基本的に後飛鳥岡本宮を継承し、増築をすることによって成り立つものであった。では、どのような施設が新たに造営されたのであろうか。

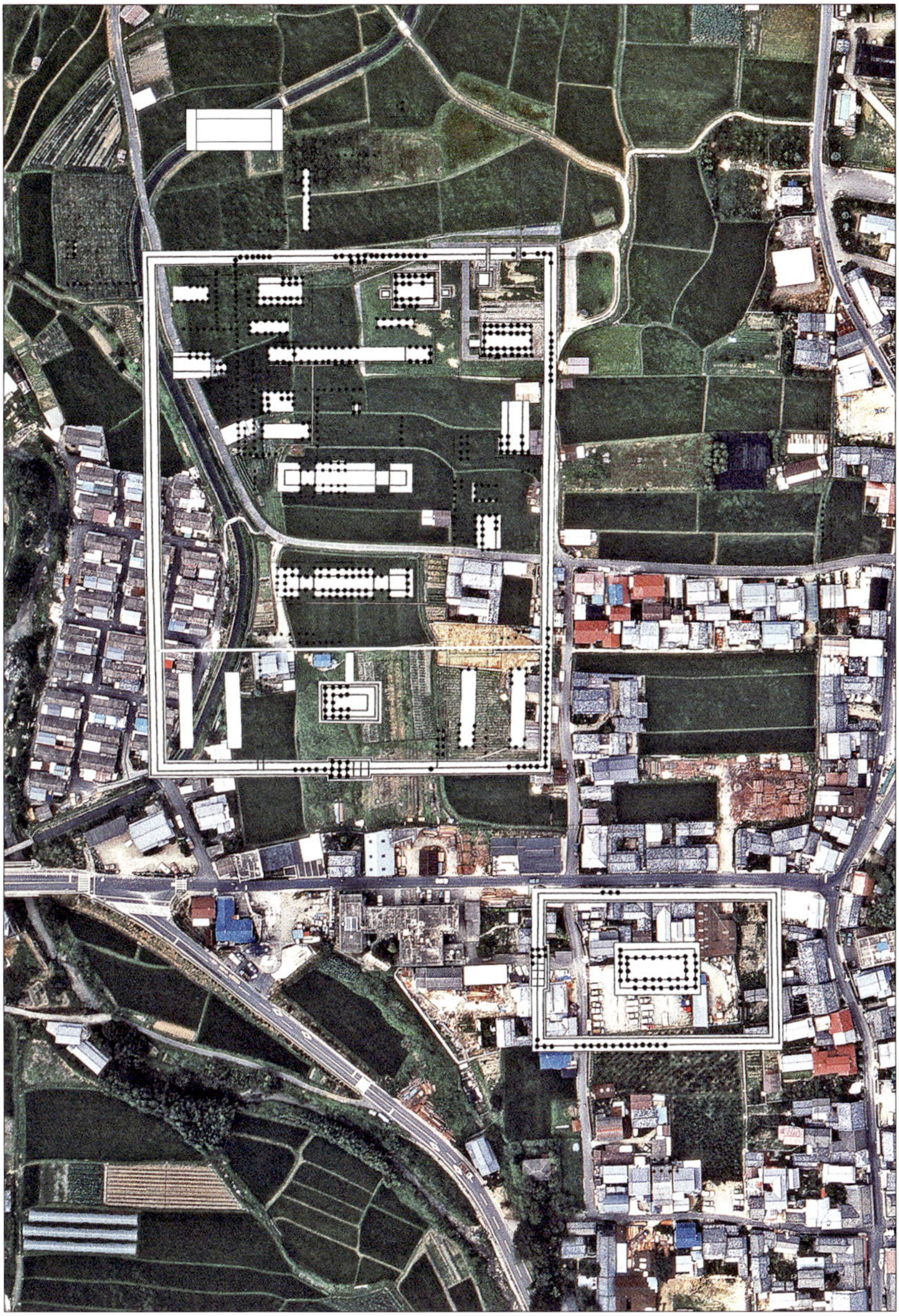

図36 ● 航空写真にⅢ期遺構図を合成（上が北）
復元井戸の南西一帯に飛鳥宮の遺構が展開する。道路や水田の畦畔と宮の区画が一致していること、内郭と東南郭の位置関係などがわかる。内郭西辺は飛鳥川の氾濫によって大きく削られてしまっている。（図37と縮尺同じ）。

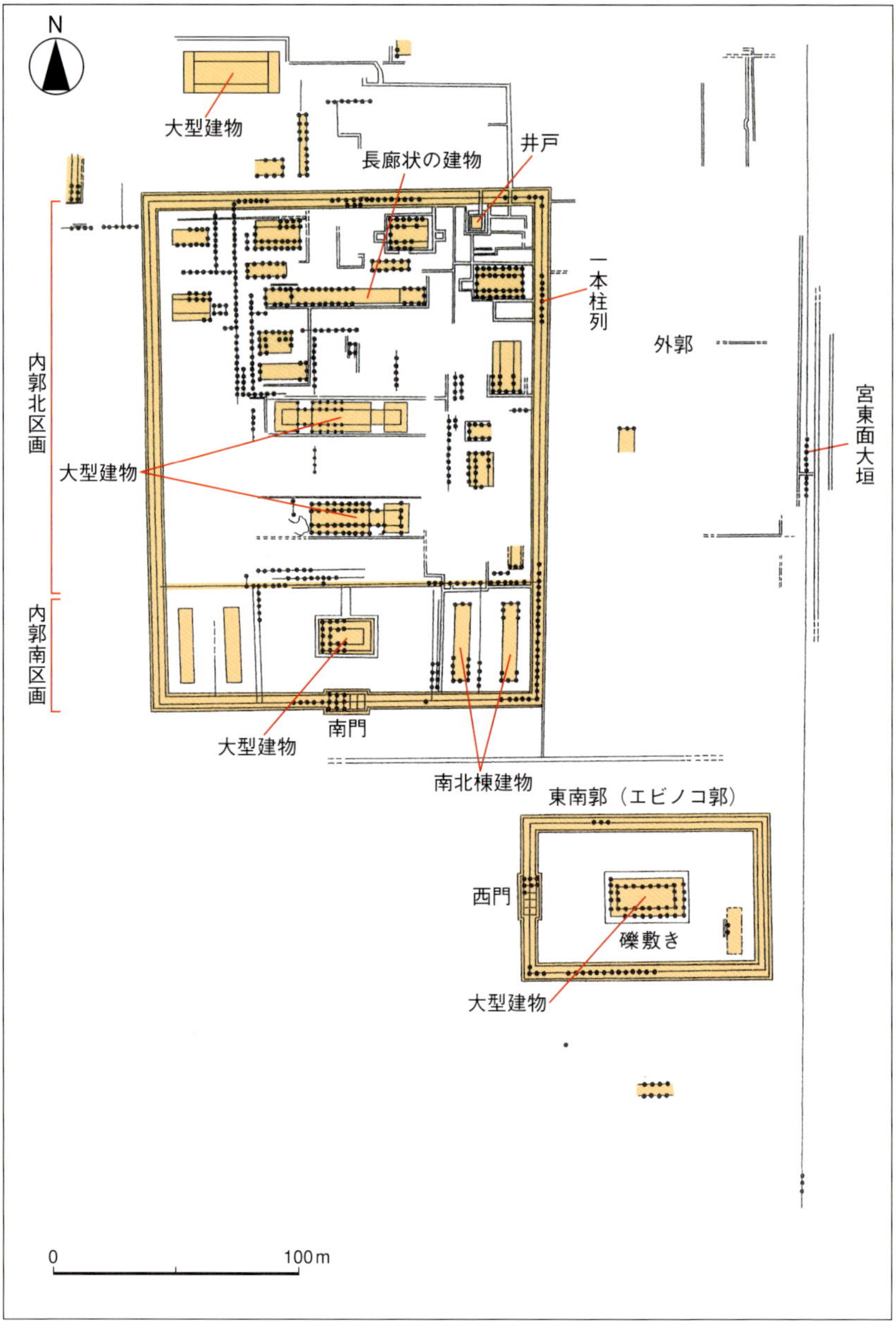

図37 ● Ⅲ期遺構（天武・持統朝）
斉明朝の遺構とのもっとも大きな違いは、内郭の東南に区画施設（東南郭）と大型建物がつくられたことである。

2　東南郭（エビノコ郭）は何か？

飛鳥宮最大の建物

Ⅲ—B期の内郭の東南では、柱列で長方形にかこんだ大きな区画（東南郭）がみつかっている。発見時に、当地の小字名（明日香村大字岡字エビノコ）をとって「エビノコ郭」と名づけられた。宮の東南に位置することから「東南郭」ともよばれる。この区画の西面中央には西門が開き、区画中心部分に正面九間×奥行き五間の大型掘立柱建物が建つ。

東南郭は現在の明日香村役場東側に位置し、遺構の大部分は駐車場の地下に保存されている。その範囲は、南北五五メートル、東西約九四メートルと復元されている。区画の東辺はまだ発掘調査で確認できていないため、現在の復元は中心建物を中軸として西辺を反転させて推定したものである。

区画の中心に建つ大型建物は、柱間は梁行九間×桁行五間（東西二九・二メートル×南北一五・三メートル）である。柱間は桁行三・二五メートル（一一尺）、身舎の梁行二・九五メートル（一〇尺）、廂の出が三・二五メートル（一一尺）と広く、内郭の建物と比較しても破格の規模で、飛鳥宮最大の建物である。

飛鳥宮のⅢ期遺構は比較的残りがよく、当時の石敷き舗装面がほぼそのまま発掘されることもめずらしくない（**図38**）。東南郭中心の大型建物では、遺構面に建築部材の痕跡まで確認することができる。大型建物南側柱《みなみがわばしら》通五カ所、南側柱と入《いり》側柱を結ぶもの四カ所、西側柱と入側柱を結ぶもの一カ所の計一〇カ所で柱と柱をつなぐような建築部材の痕跡が残っており、建物の木製地覆（建物の最下部に地面に接して組まれた横木）の痕跡の可能性が指摘されている。一方で、床束の痕跡は認められず、床構造に関しては不明な部分が多い。

この大型建物の周囲は、最大二・四メートル幅の石敷きとなっていて、建物正面の三カ所は石が敷かれないことから階段状の施設が存在したと考えられる。

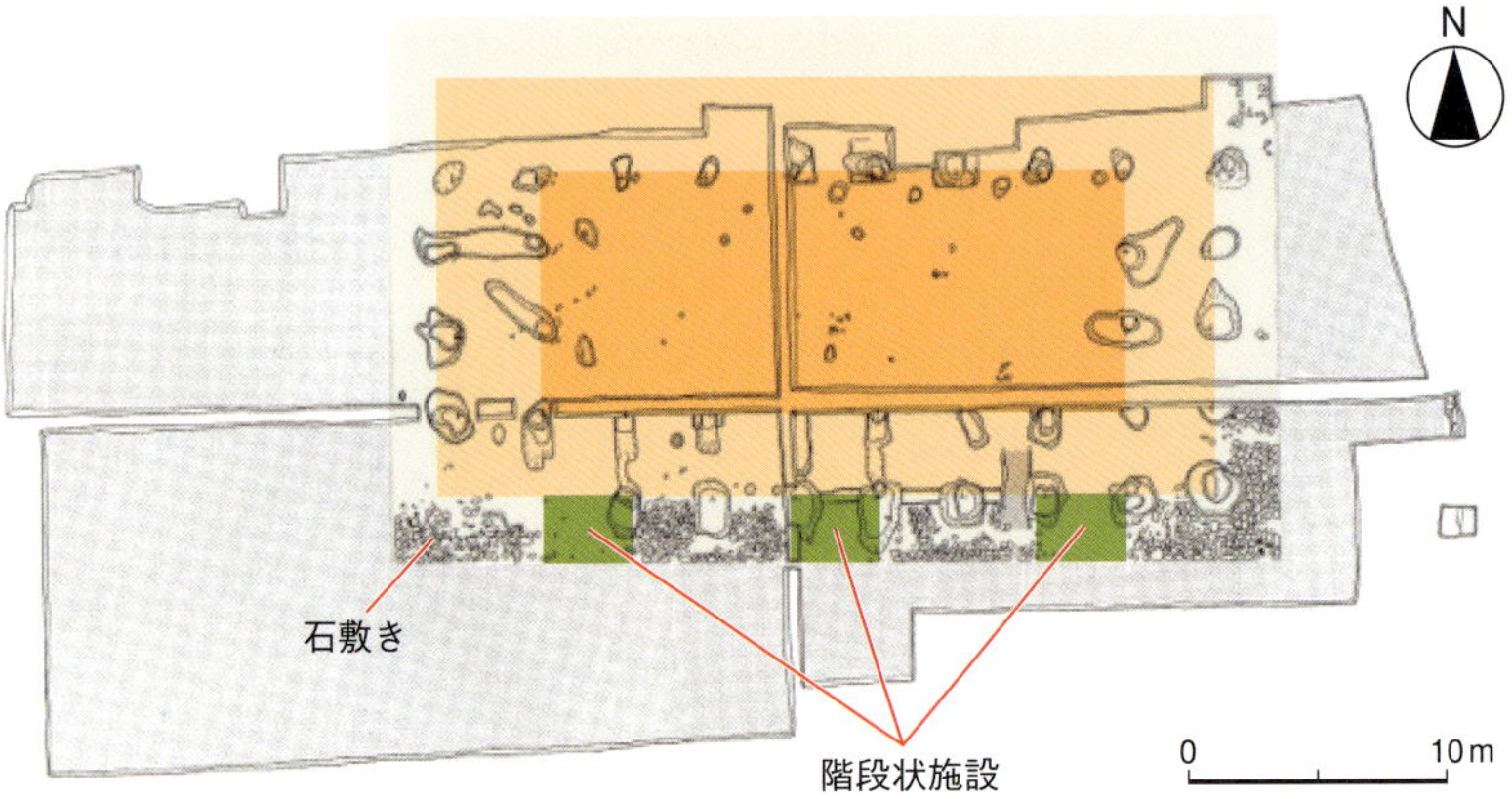

図38 ● 東南郭中心建物と周囲の石敷き
上の写真は、中心建物の南面中央付近から東をみたもの。建物の周囲に幅約2mの石敷きがめぐり、その外側に礫敷きが広がっている。南面の石敷きがない部分は階段の痕跡。

東南郭の塀と門

中心建物は、周囲を掘立柱列でかこまれている。塀と考えられる柱列が約三メートル（一〇尺）の等間隔でならび、北・南・西の三面で検出されている。そして塀の内外両側の約三メートル（一〇尺）離れた位置に、柱列と平行して石組みの排水溝を備えている。

塀で区画された内部は礫敷きとなっており、庭（広場）としての機能をもっている。しかし、南北方向は約一五メートルと狭く、むしろ中心建物と西門のあいだのほうが約二五メートルと広い。

また、中心建物の南東には、南北方向の掘立柱とそれにともなう石敷きなど建物の一部らしき遺構があり、これを中心建物の脇殿とし、東西対称に復元する案もある。しかしながら、この建物は検出範囲が狭く、広場の礫敷きとの上下関係も明確ではないことから、中心建物に付属するかどうかは判断がむずかしく、積極的な評価はここでは保留したい。

東南郭の西門は西辺のほぼ中央に位置する。規模は五間×二間で、内郭南区画の南門とほぼ同規模で、これが正門だったようである。では、東南郭に南門はないのか。

南門を検出する目的で、東南郭南面の柱列部分の発掘調

図39 ● 東南郭南辺の柱列と下層の石組み溝
南北両面を雨落ち溝にはさまれた南辺柱列の下層（写真手前）から石組みの大溝がみつかった。天武朝に入ってから溝を埋めて柱列を設けたことがわかっている。

査がおこなわれたが、埋められた下層石組み溝と重なって柱列が存在するのみで、南門は存在しなかったことが判明した（図39）。

私も大学二年生の夏休みにこの調査を見学した。石組み溝を断ち割って調査していたが、石組み溝は深さ約一メートルで、底石も敷かれた立派なものであった。この溝を埋めたてた中央に一本の柱列がならんでいて、南門が存在しないのは明らかであった。

調査担当の亀田博氏のお世話になり、翌年に東南郭南側で実施した発掘調査に参加させてもらったのが、私にとってはじめての飛鳥の発掘であり、思い出深い。

話が横道にそれたが、このように中心建物の正面に南門が存在しないことが東南郭の特徴であり、この区画の性格を考えるうえで重要な鍵となる。

東南郭の造営年代

東南郭が天武朝以降に造営されたものであることは、つぎのように考古学的に明らかになっている。東南郭の南を区画する柱列は、東西方向の石組み溝を埋めた上につくられている。この石組み溝から出土する土器の時期は、土器編年の飛鳥Ⅱ新段階（六六〇年前後）から飛鳥Ⅲ（六七二年以降）にかけてのものであることから、飛鳥Ⅲ以後に石組み溝を埋め、その後に柱列をつくったことがわかる。東南郭の正確な造営時期が天武即位（六七三年）の直後かどうかは判断できないが、天武朝以降に新設されたものであることは間違いないだろう。

これに関して、東南郭を『日本書紀』天武元年の記事にみえる岡本宮の南に造営された宮室にあてる見解がある。内郭の東南に新たに付加された東南郭は『日本書紀』のいう「岡本宮の南に宮を営る」に一致し、建物の規模も内郭南区画の中心建物より大きい。

東南郭は「大極殿」か

東南郭の中心建物は、『日本書紀』にみえる「大極殿」とするのが通説である。大極殿は中国の思想にもとづくもので、万物の根源、宇宙の中心を意味するものである。日本の大極殿は唐長安城《ちょうあんじょう》の太極殿《たいきょくでん》にならったもので、藤原宮以降の都城で礎石建ち瓦葺きの中国風の建物の遺構が確認されている。

天武紀の記事にも「大極殿」がたびたび登場し、そこでは律令制定の詔や国史編修の詔など重要な施策を出したり、饗宴に用いたりしている。『日本書紀』の同じ月の記事では「大極殿」と「大安殿」がみえていることから、両者は別の建物とみることもでき、飛鳥宮においても大極殿が存在したことが想定されている。

東南郭の中心建物は九間×五間の規模で、建物の大きさも東西約二九メートル×南北約一五メートルと、飛鳥宮のなかでもっとも大きな建物の一つであり（内郭南区画中央建物は七間×四間、東西約二〇メートル×南北約一一メートルとひとまわり小さい）、大極殿としてはふさわしい格と規模をもつ。

しかし、これを大極殿と考えた場合、正門が南に存在しないことが重要な問題である。一般に朝庭の儀式は、天皇が南面し、南側の庭に臣下が位の順にならんでおこなう。たとえば推古朝の小墾田宮の場合は「南門を入ると朝庭《ちょうてい》があり、その左右には庁＝朝堂（まつりごとどの）が並び、大臣・大夫、および皇子や諸王・諸臣が座位する。これがいわゆる朝堂院《ちょうどういん》で、その北中央には大門が開かれて、奥は天皇のいます大殿《おおとの》のある内裏に通じていたということになろう」と、『日本書紀』推古一六年（六〇八）・一八年（六一〇）の記事から岸俊男氏が復元している。

推古紀の記事が後世の知識により脚色されている可能性も排除できないが、藤原宮や平城宮の大極殿・朝堂院をみればわかるように、古代の宮においては大殿・門・朝庭が南北一直線にならぶ（**図53参照**）。一方で東南郭の場合、大殿・庭と門が一直線にならばないため、一般的な儀式の形態をとることはきわめて困難といわざるを得ない。西門を正門とする東南郭は大極殿ではないと考えてもいいいかもしれない。

「朝堂」の可能性

では、東南郭は何なのか。これについて私見を述べれば、東南郭は朝庭の脇に建つ「朝堂」の可能性を視野に入れてよいように思う。朝堂とは、もともとは朝政《ちょうせい》に際して大臣・大夫の座が置かれた建物（庁）で、朝庭の脇に設けられた。東南郭の西向きの門は内郭の南にある朝庭を意識したものであるので、東南郭に南門が存在しない理由も解決できる。

東南郭の中心建物は朝堂としては大きすぎるのではないか、という意見もあるかもしれないが、藤原宮の朝堂院東第一堂（大極殿院の南東に位置する）は太政大臣・左右大臣の座を設けた堂であり、ほかの朝堂とは隔絶した四面廂の大型建物である。しかもその規模は九間×四間（一一八尺×四八尺）であり、東南郭の中心建物とほぼ同規模である。

東南郭の性格については現時点では大極殿とする見解が主流であるものの、右にみたように再検討の余地がまだあるのではないだろうか。

内郭北方の大型建物

吉野川分水改修工事にともない、二〇一〇年に内郭北隣接地をあらためて調査したところ、想像をはるかに上まわる大型の掘立柱が複数みつかった（図40）。

私は調査担当者としてこの発掘現場にのぞんだが、想定外の規模に思わず目を疑った。柱穴は一辺が一・七メートル以上、深さも一・七メートル前後と、東南郭中心建物に匹敵する規模で、内郭北（外側）にも大型建物が存在することが確実となった。

このときの調査区は幅が狭く、さらに方位に対して斜め方向であったため、現地で柱穴の配置を検討することは困難であった。図上で検討したところ、建物の柱間は三メートル（一〇尺）間隔を基本とし、東端と西端では東西方向

図40 ● 内郭の北でみつかった大型柱穴
吉野川分水の古いコンクリート護岸を撤去したところ、巨大な柱穴が相次いでみつかった。写真の調査員と比較すると、柱穴がいかに大きいかがわかる。

の柱間が四・二メートル（一四尺）の間隔であることが明らかになった。調査完了時の追加調査でさらに東側にも柱穴が存在したことから、東西にもう一間分の柱列があった可能性が高い。

これらを手がかりとして建物の復元をすると、東西一一間（約三五メートル）×南北五間（約一五メートル）の大型建物に復元することができた（**図41**）。復元案を作成しながら自分自身でも信じがたい、想定をはるかに超える規模の建物となったが、柱穴の大きさや柱間の広さは大型建物に相応しいものであって矛盾しない。

この大型建物は、南北および東西の四面に廂があり、東西両端間は広い柱間となる特殊な平面である。このような平面形態の特徴や建物の規模は、平城宮の内裏第Ⅰ期の二棟の正殿と酷似している（**図22参照**）。したがって、飛鳥宮の内郭北で検出した大型建物は天皇の居住施設として建てられたものであり、後にそのデザインが平城宮の内裏正殿に継承された可能性が高い。

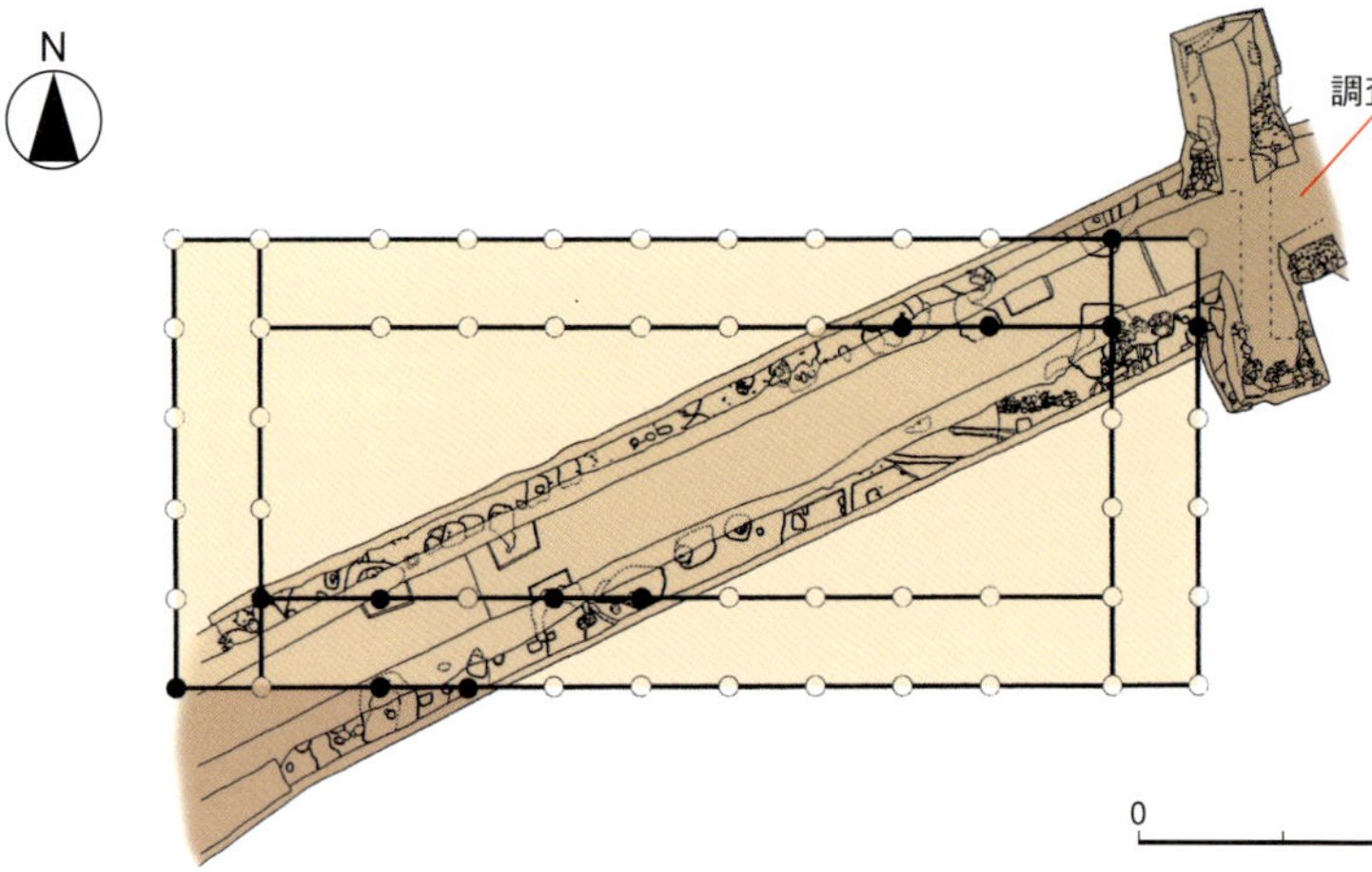

図41 ● 内郭北方の大型建物
内郭の北側でみつかった大型建物の推定復元図。身舎の両端は柱間が広く、南北には廂がつく。さらに東西両側にも廂がついたと考えられる。

3　飛鳥浄御原宮の改修

飛鳥浄御原宮は、天武天皇の即位から持統天皇が藤原宮に遷るまでの二二年間使用された。内郭を中心とする部分は斉明天皇の後飛鳥岡本宮造営以来のもので、六五六〜六九四年の三八年間という長期の使用となる。老朽化だけが理由ではないと思われるが、Ⅲ期遺構には改修した部分がいくつかある。

内　郭

Ⅲ期遺構の内郭をみると、一部で建物の建て替えをおこなったり、改修前の区画溝がそのまま残存している場合があり、また改修時期も判断しづらいため、正確な変遷過程を把握することは困難である。

内郭北区画の南側大型建物の西側に付属する建物は、ある時期に撤去し、洲浜《すはま》風の庭園に改変している（**図20参照**）。発掘調査報告書ではその時期を不明としながらも、東南郭と同時期かそれより後との見方を示している。

また、内郭東北隅の井戸（現在、地表に遺構を復元展示している）東側に、当初は掘立柱建物が存在したよう

図42 ● 外郭の造成土
内郭の北東は、かつては低湿地だったようで、地盤が悪く湧水も多い。そこに東の丘から削りとった山土を厚さ1mほど盛って造成し、外郭を設定していた。

で、複雑な変遷を経ていると考えられる。井戸周辺の石敷に複数の石組み溝が残っているのは、天武朝のある時期までに改変を受けた名残りとみられる。

外郭

吉野川分水改修工事にともなう内郭北東の調査では、大規模な造成を確認している（図42）。現在は内郭東から酒船石遺跡西付近までが高低差の少ない水田となっている。しかし、このあたりはもともと低湿地であり、現代の水田耕作土と低湿地の堆積層（古墳時代の遺物を含む）のあいだは、約一メートルの厚さで付近の丘陵を掘削したとみられる黄褐色土を用いて埋めたてていることが明らかになった。

推定される造成範囲は南北約一八〇メートル×東西約一五〇メートル、面積は約

図43 ● 外郭東辺の石組み溝と柱列
外郭の東辺も、内郭と同じように石組み溝と掘立柱列で区画していた。

図44 ● 現在も細い路地として残る東外郭の地割り
写真中央の車左側の細い路地。外郭東辺の区画施設は現在も道路などの地割りに反映されている。

二万五〇〇〇平方メートルであり、かなり広範囲に造成して平坦面をつくったらしい。内郭に近い部分での造成は比較的早い段階（Ⅱ期）からおこなった可能性が高いが、北端付近では造成土中に天理砂岩片が含まれることからⅢ—B期に造成作業をおこなった可能性が高く、また遺構が希薄で重複もみられないことも存続期間が短いことを示している。

東外郭《がいかく》東辺には、宮東面大垣《とうめんおおがき》として、南北方向の掘立柱列とそれに並行する石組み大溝、内側雨落ち溝があり、今も地割として残る（**図43・44**）。大溝部分の調査では、東側整地面の下から一〇八二点の削屑《けずりくず》木簡が固まって出土しており（**図45**）、このなかには「辛巳年《しんしねん》」と書かれたものが複数含まれていた。辛巳年は六八一年（天武一〇）で、大溝東側の整地土が天武一〇年以降のものであることを示している。この点から東外郭大溝が天武朝後半に改修を受けたと考えられる。

では、天武・持統天皇はなぜ、先代から継承した宮殿を建て替えることなく、増築・改修をするのみでここまで使いつづけたのであろうか。この問いについては第6章で明らかにしたい。

図45 ● 外郭東辺の大溝と削屑木簡出土の様子
削屑木簡は外郭を区画する石組み溝よりも低い位置でみつかり、木簡が埋められた後に石組み溝などの改修工事がおこなわれたとみられる。

第5章　文献史料からみた飛鳥宮

1　飛鳥浄御原宮にあった殿舎は

『日本書紀』にみえる殿舎名

『日本書紀』には飛鳥の宮についての記述が多くみえるが、なかでも天武紀の記述がとくにくわしく、さまざまな施設の名前とそこでおこなった行事を知ることができる。

もちろん、これらの記述すべてが事実というわけではなく後世の脚色もあると思われるが、ここでは飛鳥浄御原宮の殿舎名（大安殿《おおあんどの》・外安殿《とのあんどの》・内安殿《うちのあんどの》・向小殿《むかいのこあんどの》・大極殿《おおあんどの》・御窟殿《みむろとの》）について、『日本書紀』にみえる殿舎の記事と、橿原考古学研究所による長年の調査で検出した遺構を対応させてみよう。

まずは殿舎名に関する『日本書紀』の記事を年代順にみてみよう。

六八〇年（天武九）正月

天皇、向小殿（ムカヒノコアンドノ）に御《おはしま》して、王卿に大殿（オホアンドノ）の庭に宴《とよのあかり》したまふ。

六八一年（天武一〇）正月

天皇、向小殿（ムカヒノコアンドノ）に御して宴したまふ。是の日に親王・諸王を内安殿（ウチノアンドノ）に引き入る。諸臣、皆外安殿（トノアンドノ）に侍《はべ》り。

六八一年（天武一〇）二月

天皇・皇后、共に大極殿（オホアンドノ）に居《おは》しまして、親王・諸王及び諸臣を喚《め》して、詔して曰はく、「朕、今より更《また》律令を定め、法式を改めむと欲《おも》ふ。故、倶《とも》に是の事を修めよ。然《しか》も頓《にはか》に是のみを務《まつりごと》に就《な》さば、公事闕《か》くこと有らむ。人を分けて行ふべし」とのたまふ。是の日に、草壁皇子尊《くさかべのみこのみこと》を立てて皇太子とす。因《よ》りて万機を摂《ふさねおさ》めしめたまふ。

六八一年（天武一〇）三月

天皇、大極殿（オホアンドノ）に御して、川嶋皇子《かわしまのみこ》・忍壁皇子《おさかべのみこ》・広瀬王《ひろせのおほきみ》・竹田王《たけだのおほきみ》・桑田王《くわたのおほきみ》・三野王《みののおほきみ》・大錦下《だいきんげ》上毛野君三千《かみつけののきみみちぢ》・小錦中《しょうきんちゅう》忌部連首《いんべのむらじおびと》・小錦下《しょうきんげ》阿曇連稲敷《あづみのむらじいなしき》・難波連大形《なにわのむらじおおかた》・大山上《だいせんじょう》中臣連大嶋《なかおみのむらじおおしま》・大山下《だいせんげ》平群臣子首《へぐりのおみこびと》に詔して、帝紀及び上古の諸事を記し定めたまふ。大嶋・子首、親《みづか》ら筆を執りて以《も》て録《しる》す。

六八三年（天武一二）正月

親王以下群卿に及《いた》るまでに、大極殿（オホアンドノ）の前に喚して、宴したまふ。

六八五年（天武一四）九月

天皇、旧宮《ふるみや》の安殿（アンドノ）の庭に宴す。

天皇、大安殿（オホアンドノ）に御して、王卿らを殿の前に喚して、博戯《はくぎ》せしむ。

六八六年（朱鳥元）正月

大極殿（オホアンドノ）に御して、宴を諸王卿に賜ふ。（二日）

大安殿（オホアンドノ）に御して、諸王卿を喚して宴賜ふ。（一六日）

六八九年（持統三）正月

天皇、万国《くにぐに》を前殿（マヘノミアラカ）に朝《まうこ》しむ。

六九〇年（持統四）正月

公卿に内裏（オホウチ）に宴したまふ。

以上が『日本書紀』にみえる飛鳥浄御原宮の主要な殿舎名である。これらの殿舎名と発掘調査でみつかった建物跡を正確に対応させることはむずかしいが、判断材料が乏しいながらも現時点で考えられる殿舎比定を試みてみよう。なお、持統紀は編纂方針の違いなのか、具体的な殿舎名はほとんどみえない。

殿舎比定の試み

大安殿　大安殿は臣下に対する賜宴の場としてしばしばみえ、諸臣が立ち入ることのできる空間は基本的にここまでだったらしい。「大」の用字から、大安殿は天皇にかかわる殿舎のなかでもっとも公的な性格を帯びたものとみられ、内郭南区画の中心建物をさすとする見解が有力となっている。

しかしながら、かならずしも右のような比定で確定しているわけではなく、これとは別の見方も可能である。くわしい論証はここでは省略するが、平城宮内裏との関係を考慮すれば、平城宮の大安殿は南北に二棟ならぶ内裏正殿のうち南側のものであることから、飛鳥浄御原宮の大安殿は内郭北区画南部の大型建物（南側）に該当する可能性もある。

六八九年（持統三）正月の記事にみえる「前殿」は、持統天皇がはじめて元日朝賀《がんじつちょうが》を受けたことに関するもの（即位は翌年正月）で、「前殿」を「内裏前殿」と理解すれば、内郭南区画の中心建物としてよい。とすれば、大安殿は南区画中心建物（＝前殿）ではなく北区画南部の大型建物（南側）にあてる考え方が成立する。

外安殿　六八一年（天武一〇）の記事では、内安殿と外安殿が対になってみえる。内郭北区画南部は同規模の大型建物が南北にならぶので、これらの正殿のうちの南側のものを外安殿、北側のものを内安殿とする考え方が可能である。

内安殿は天皇の空間で、限定された者だけが入る（「引き入る」）ことができるのに対し、外安殿は諸臣の侍る空間であったことから、外安殿と内安殿には明確な区別があったことがわかる。外安殿はその用途から大安殿と同一とする見方が妥当であろう。

内安殿　右に述べたように、内安殿は限られた者だけが入ることができる天皇の空間である。

内郭北区画の北の大型建物をさすとみてよい。

向小殿　内郭北区画の正殿の東西両側に左右対称に建てられた脇殿であろう。北区画南部にならぶ二棟の大型建物のいずれにも東西に一棟ずつの脇殿が付属するが、『日本書紀』記事中の向小殿もこれらのうちの一つであろう。

御窟殿　ミムロトノ＝御室殿であるので、天皇の住まいをさすものとみられる。「宮中御窟院」という表現もあり、単独の建物ではなく、一定の規模の区画内にある建物と考えられる。内郭中心にある内安殿とは別施設と考えるならば、内郭北方で新たに検出した大型建物が該当する可能性がある。

大極殿　大極殿の用語は皇極紀と天武紀だけに登場する。大極殿は飛鳥浄御原宮段階では実際には存在せず、藤原宮において成立したとする見方がある一方で、東南郭（エビノコ郭）中心建物を大極殿にあてる説がある。東南郭中心建物は飛鳥宮のⅢ期遺構のなかでは最大の建物であり、『日本書紀』にみえる「大極殿」にあてるとすればこれ以上にふさわしい施設はない。第4章でみたように現在ではこの説が有力とされている。

しかし、六八六年（朱鳥元）正月の二つの記事をみると、大極殿・大安殿ともに同じ用途であって、内容的に両者に違いはみられない。これは同じ殿舎に対する呼び方の違いとみることも可能で、必ずしも厳密な使い分けによると考える必要はないだろう。

他の記事も、飛鳥浄御原宮の「大極殿」が特別な国家的儀式に用いられたことはみられないので（律令制定の詔や正史編纂の詔も重要ではあるが国家的儀式とはみなしがたい）、大極殿の成立を藤原宮に求める説も否定できないであろう。

また、持統即位前の記事ではあるものの、六八九年（持統三）正月に朝賀を受けたのは「前殿」であって「大極殿」としていない点は注意すべきで、当時の朝政・朝儀の場が「大極殿」ではなく「前殿」であったことを意味するものと理解することができよう。

庁（マツリゴトドノ）・朝堂（ミカド）　『日本書紀』の古訓では、庁を「マツリゴトドノ」と読み、朝堂を「ミカド」と読んでいる。庁はもともと大王に侍候するための施設であって、たとえば推古天皇の小墾田宮の記事などにみえるほか、飛鳥浄御原宮にも庁が存在したことが『日本書紀』からわかる。内郭南区画東部の二棟の南北棟建物がこれに該当するだろう。

天武紀では、六七八年（天武七）四月に「新宮《にいみや》の西庁」、持統紀では六九一年（持統五）三月に「西の庁」がみえていることから、東西に対称に配置されたらしい。なお天武七年の「新宮」については次章でくわしくふれるが、飛鳥浄御原宮のことと理解してよい。

朝堂は六九〇年（持統四）七月九日にみえるもので、「凡《おほよ》そ朝堂《みかど》の座《くらい》の上にして、親王を見むときには常の如くせよ。大臣と王とには、起《た》ちて堂《まつりことどの》の前に立て。二《ふたしな》の王より以上には、座より下りて跪《ひざまづ》け」という詔が出され、さらに七月一四日には「朝堂の座の上にして、大臣を見むときには、坐を動きて跪け」という詔（九日の詔を修正したもの）が出されている。

朝堂の座での拝礼作法を定めたこれらの詔は、同年に浄御原令が施行され、太政大臣（高《たけ》市皇子《ちのみこ》）、右大臣（丹比嶋《たじひのしま》）が任じられたことを受けたものであるが、飛鳥浄御原宮には「朝堂」が存在し、親王・大臣・王の座が置かれていたことがわかる。

前章ですでに述べたが、わたしは、東南郭中心建物を「大極殿」でなく、朝庭の東寄りに配されることから「朝堂」と想定している。

飛鳥浄御原宮の門

飛鳥宮では内郭南門、東南郭西門の遺構がみつかっているが、いずれも特定の区画に設けた門であり、飛鳥宮と外部との接点となる宮城門はまだみつかっていない。『日本書紀』持統四年（六九〇）七月七日の詔には「公卿百寮をして、凡そ位《くらい》有る者、今より以後、家の内にして朝服《みかどころも》を著《き》て、未だ門《みかど》開けざらむ以前《さき》に参上《まうこ》しめよ」とあり、公卿百寮が宮へ参上するときに進入するための門が存在したことが知られる。

後にもふれるが、正月の行事の一つである大射《おおいくは》が飛鳥宮の南門・西門・朝庭でおこなわれている。大射は後に建礼門《けんれいもん》（平安宮内裏の南門）でおこなわれることを考えると、内郭南門に該当するものとみられる。

門の記事ではないが、天武天皇の葬儀がおこなわれた際に「京城《みやこ》の耆老男女《おきなひと》、皆臨みて橋の西に慟哭る《みねたてまつ》」と持統元年（六八七）八月条にある。天武天皇の殯宮《もがりのみや》が営まれた南庭（内郭の南側）の西に飛鳥川が流れ、そこには橋が架けられ対岸まで庶民が来ることができたことが知られ、橋を渡ったところには宮城門が存在した可能性もあろう。

現在の明日香村役場西にある高市橋の南に架かる川戸《かわと》橋が『日本書紀』にみえる橋にあたるとみてよいだろう。ちなみに東南郭西門は、この橋の東の延長線上に位置している。また、川戸橋の西約九〇〇メートルにある川原下ノ茶屋《かわはらしものちゃや》遺跡では、南北に側溝をもつ幅一二メートルの東西方向道路がみつかっている。

現在も川原寺《かわらでら》と橘寺《たちばなでら》のあいだには、東西道路状の地割りが残り、両寺の門跡がこの道路に面していることから、七世紀後半にこの道路が機能していたとみられる。この道路の東延長に飛鳥川に架かる橋が当時存在し、その東方に門・朝庭・東南郭が存在したことも想定できる。

2　飛鳥宮の政務と儀礼

国家的儀式、朝儀

天武朝になると儀式の記事が多くみえるようになる。元日朝賀をはじめとして、正月七日の節会・御薪《みかまき》・大射・踏歌《とうか》・五月五日の節会などの年中行事が毎年のように登場する。

これらの行事がいつごろからはじまったのかは明らかでないが、天武・持統朝の記事に頻出することから、このころには朝廷の行事として定着したものとみてよく、大宝令《たいほうりょう》にも行事に関する規定がある。宮中の年中行事といえば平安時代の印象が強いが、その淵源は飛鳥宮にあるとみてほぼ間違いない。

元日朝賀は朝廷儀式のなかでももっとも重要な国家的行事の一つで（もう一つは天皇の即位儀）、元日に天皇が文武百官から朝賀を受けるものである。奈良時代以降では、天皇が大極殿に出御し百官が朝庭にならんでおこなわれた。

飛鳥宮の場合に問題となるのは、元日朝賀の儀で天皇がどの建物に出御して朝を受けたか、ということである。先にもふれたように、六八九年（持統三）正月に「天皇、万国を前殿に朝しむ」とあり、前殿（内郭の前殿）にて朝賀を受けている。大極殿と書かれていないことは、飛鳥宮に大極殿が存在したか否かという問題に対して重要な意味をもつものといえよう。

　このほかの儀式としては、告朔《こうさく》が六七六年（天武五）九月以降にみえている。これは奈良時代では毎月朔日《ついたち》に諸司の進《たてまつ》る前月の公文《くもん》をみる儀式で、飛鳥宮での告朔の具体的な内容はいっさいわからない。ただ、雨や雪のために実施されなかった記事もみえるので、朝庭に百官が整列しておこなったことがわかる。飛鳥時代の公文書制度は大宝律令施行後とは異なって体系的に整備されていなかったため、告朔での政務報告も口頭によるものであったと考えられている。

　御薪は官人が正月一五日に薪《かまき》を進上する儀式で、天皇への忠節を示すものである。大宝令の雑令《ぞうりょう》では薪の長さや数量も規定している。

　大射は正月一七日に官人が射芸をおこなう儀式で、六四七年（大化三）正月や六七〇年（天智九）正月にも大射の記事があるので、朝廷の儀式のなかでは比較的古くまでさかのぼるもののようである。

　飛鳥宮では、大射の場所は南門・西門・西門の庭・朝庭などがみえる。いずれも同じ場所を示すものとみられ、内郭南側の朝庭でおこなわれた儀式と考えてよいが、『日本書紀』からは天皇が観覧したことはうかがえない。なお、飛鳥宮での大射は藤原宮へ遷る前年の六九四年（持統八）までおこなわれている。

日常の政務、朝政

飛鳥宮では国家的儀式以外に日常的な政務もおこなわれた。飛鳥浄御原宮には朝堂があり、親王・大臣・王などの座が置かれたが、朝堂でおこなわれた政務の具体的な内容はわからないため、平安時代の『延喜式《えんぎしき》』や『儀式』から推測するしかない。

飛鳥浄御原宮の朝堂は平安宮朝堂院の昌福堂《しょうふくどう》に相当し、諸司や弁官《べんかん》が太政官へ申政《しんせい》（政務の報告）をおこなったと考えられる。橋本義則《はしもとよしのり》氏によると、朝堂での申政は、弁官が諸司を率いて少納言とともに昌福堂（東第一堂）の前庭につき、五位以上は昌福堂の座について、六位以下は昌福堂の廂に立った。諸司・弁官が申政をおこない、大臣による処分と官人の返答が終わると退出した。

朝堂は本来は五位以上の侍候空間であり、小錦下・直広肆《じきこうし》以上の位をもつ大夫が対象とみられる。ちなみに『日本書紀』には「皇太子より以下及び諸王卿、并《あはせ》て四十八人」（天武一四年〔六八五〕九月）、「王卿等五十五人」（天武一四年一二月）とあるので、おおよそ五〇人前後と推測できる。

天武朝の官制

さて、天武朝に飛鳥浄御原宮の朝庭で政務にあたった官制は、天武天皇が崩御した六八六年（朱鳥元）九月に殯宮でおこなわれた、生前の功徳《くどく》をたたえて哀悼の意を述べる誄《しのびごと》の記事から知ることができる。

誄の初日は壬生《みぶ》・諸王・宮内・左右大舎人《おおとねり》・左右兵衛《とねり》・内命婦《ひめまえつきみ》・膳職《かしわでのつかさ》といった天皇の家産機構の者がおこなっている。いずれも内郭付近で天皇に仕えた者であろう。翌日は大政《おおいまつりごと》官《のつかさ》・法官《のりのつかさ》・理官《おさむるのつかさ》・大蔵《おおくら》・兵政官《つわもののつかさ》、さらに翌日には刑官《うたえのつかさ》・民官《かきのつかさ》・諸国司がおこなっている。二日目以降は国家の行政にかかわる官司であり、ここから天武朝官制の全体像がうかがわれる。

天武・持統朝の官制は、太政官《だいじょうかん》と法官・理官・大蔵・兵政官・刑官・民官の六官であり、これに神祇官《じんぎかん》と中務省《なかつかさ》・宮内《くない》省を加えたものが大宝令制の二官八省となる。天武朝の太政官は、早川庄八《はやかわしょうはち》氏によると天皇の秘書官的なものであり、国政への権力はもたないものであったらしい。太政官が大宝令制の太政官と同様に国政に関与するようになるのは、六九〇年（持統四）の太政大臣（高市皇子）・右大臣（多治比真人嶋）の任命まで待たなければならなかった。

朝堂に関する規定もちょうど同時にみえることから、これを境に飛鳥浄御原宮での朝政が本格化し（天武朝には大臣は任命されず、専制政治であった可能性が高い）、朝堂で議政官による聴政《ちょうせい》（政務をとること）が本格的におこなわれるようになったと推測できる。

このほかに『日本書紀』には神官、納言《なごん》、大弁官《だいべんかん》、陰陽寮《おんみょうりょう》、大学寮、宮内官、京職などがみえる。大宝令制のようには組織化されていなかったものと考えられているが、同様に多数の官司を設けていたことは間違いない。

飛鳥浄御原宮の官衙群

曹司《そうし》は朝堂とならぶ重要な施設で、官人が朝政の後に朝堂から曹司に場所を移して実務をおこなった官衙《かんが》である。飛鳥宮において、どのような官衙がどこに配置されていたかを直接的に示す史料は残されていないが、少なくとも天皇周辺の組織（内廷官司《ないていかんし》）に関しては内郭周辺にあったと推測できる。

天武朝には、すでにふれたように大宝令制の二官八省の前身となる六官の外廷《がいてい》官司が成立していたが、これらの官衙の所在地や規模は明らかになっていない。

これまで飛鳥宮では内郭東側などの外郭に曹司があると漠然と考えられており、藤原宮や平城宮では朝堂院の東方などに官衙群が置かれたことが発掘調査によって確認されている。しかし、飛鳥宮の東外郭は東西約一〇〇メートル、南北約二〇〇メートルの限られた範囲であって、藤原宮や平城宮と比較するとかなり狭い。果たしてすべての官司が内郭周辺に収まっただろうか、という疑問も払拭しきれない。外郭の発掘調査事例もまだ少なく、官衙群となるような遺構はいまのところ確認されていないため、これからの課題である。

北に展開する官衙群

外廷官司の所在地について、あえて『日本書紀』や木簡などの文字史料から推定してみよう。

六八六年（朱鳥元）七月の記事には「雷《いかづち》、南方に光りて、一たび大きに鳴れり。則《すなは》ち民部省の蔵庸舎屋《ちからをおさむるや》に天災《ひつ》けり」とあり、続けて「或いは曰はく、忍壁皇子の宮の失火延《ほびこ》りて、民部省を焼けり、といふ」とある。忍壁皇子の宮に関しては、『万葉集』巻三―二三五にある柿本人麻呂の歌から、雷丘にあったことがうかがわれる。したがって、これらの史料から、忍壁皇子の邸宅は雷丘付近にあり、失火が倉に移ったという民部省（民官）も近くに所在したとみてよい。

雷丘のすぐ南東の石神遺跡では天武朝の木簡が多数出土している。後述するように、木簡の内容をみると、全国から集められた仕丁《しちょう》にかかわる木簡や「大学官」と書かれた木簡、暦《こよみ》木簡などが出土していることから、内郭周辺とは異なる性格の場所であったとみられ、行政にかかわる役所群が存在した可能性が高い。

石神遺跡は斉明朝に饗宴施設であったものが、天武朝にいっせいに撤去されて官衙的建物群に転換したことが発掘調査で明らかになっている。したがって、天武朝以降には飛鳥宮の内郭周辺のみならず、石神遺跡周辺にも官衙群が展開したとみたほうがよさそうである。

3　木簡が語る飛鳥のみやこ

飛鳥宮から出土する木簡は貴重な史料

八世紀以降は律令国家の基本となる大宝律令・養老《ようろう》律令の条文が知られ、当時の出来事を正確に記した『続日本紀《しょくにほんぎ》』があり、さらに正倉院には奈良時代の行政文書も多数残され、比較的史料に恵まれた状況である。しかし、それ以前の七世紀の史料は基本的に『日本書紀』しかなく、ほかに若干の金石文がのこっているにすぎない。浄御原令の条文も残っていないため、当時の制度を奈良時代のように詳細に知ることは不可能といってもいい。

このような状況のもとで、飛鳥宮とその周辺から出土する木簡は、当時の制度や具体的な活動内容を知るほぼ唯一の史料として貴重である。飛鳥ではこれまでに約一万五〇〇〇点の木簡が出土していて、出土地点も広範囲にわたることから、当時の宮の様相を多面的に知ることができるようになってきている。

内郭周辺から出土した木簡

飛鳥宮で最初に木簡がみつかったのは、内郭北側で実施した飛鳥京跡第一〇次調査で、石組み溝や整地土層内から木簡が二二一点出土した。この調査は限られた範囲内の発掘にとどめたため、調査範囲外にはまだ木簡が包蔵されているという。整地土層内から出土した木簡には皇室などの領民である部姓《べせい》を列記した木簡が含まれていた。書体が古風であり七世紀中ごろのものと推測されている。

飛鳥浄御原宮よりもやや時期のさかのぼる木簡は、東外郭で実施した第五一次調査で出土している（**図46**）。

Ⅲ期遺構整地土の下でみつかった土坑《どこう》から二七点の木簡を発見した。土坑は一時的に遺物を廃棄したもので、上面は整地土に覆われていることから、木簡は一括性が高く、限定された時期のものであることは間違いない。

とりわけ注目されるのは「大花下《だいかげ》」と書かれた小型付札と「白髪部《しらがべ》五十戸皈十口」と書かれた貢進物付札《こうしんもつつけふだ》の二点である（図47）。

大花下は六四九年（大化五）から六六四年（天智三）まで施行した冠位で、木簡の時期もほぼこのころに限定される。大花下の木簡と同時に出土した白髪部五十戸の木簡は、七世紀中ごろにおける五十戸一里制の施行を裏づけるものであり、『日本書紀』に書かれているような行政改革は実際にはおこなわれていなかったとする「大化改新否定論」を見直すきっかけとなった。この期間に造営された飛鳥宮は斉明天皇の後飛鳥岡本宮（六五六年〜）であることから、木簡などの遺物はⅡ期遺構の廃絶とⅢ期遺構の造営にともなう

図46 ● 木簡が出土した第51次調査
外郭東大溝（Ⅲ期遺構）造営時の整地土の下にある土坑から木簡がみつかった。

図47 ● 木簡「大花下」「白髪部五十戸」
大花下は大宝令制の従四位に相当する官位。白髪部五十戸はのちの備中国窪屋郡真壁郷もしくは備中国都宇郡真壁郷（現在の岡山県）。

ものとみてよい。

史書編纂にかかわる木簡

同じく東外郭で実施した第一〇四次調査では、「大津皇」「大友」「太《おお》来《く》」「伊勢国」「朝明《あさけの》評《こおり》」「尾張」「近《ちかつ》淡《おうみ》」「辛巳年」「阿直《あちきの》史《ふひと》友足《ともたり》」「子首《こびと》」「論語」などと書かれた木簡の削片が一〇八二点出土した（**図48**）。これらの木簡は、前章末でみたように、船底状の土坑のなかに圧縮されたような状態でみつかったことから（**図45参照**）、一括して廃棄されたものであることは間違いない。

内容は壬申の乱にかかわる人名や地名が多く、その記録を整理したときに発生した削屑木簡とみられる。六八一年（天武一〇）三月には帝紀《ていき》

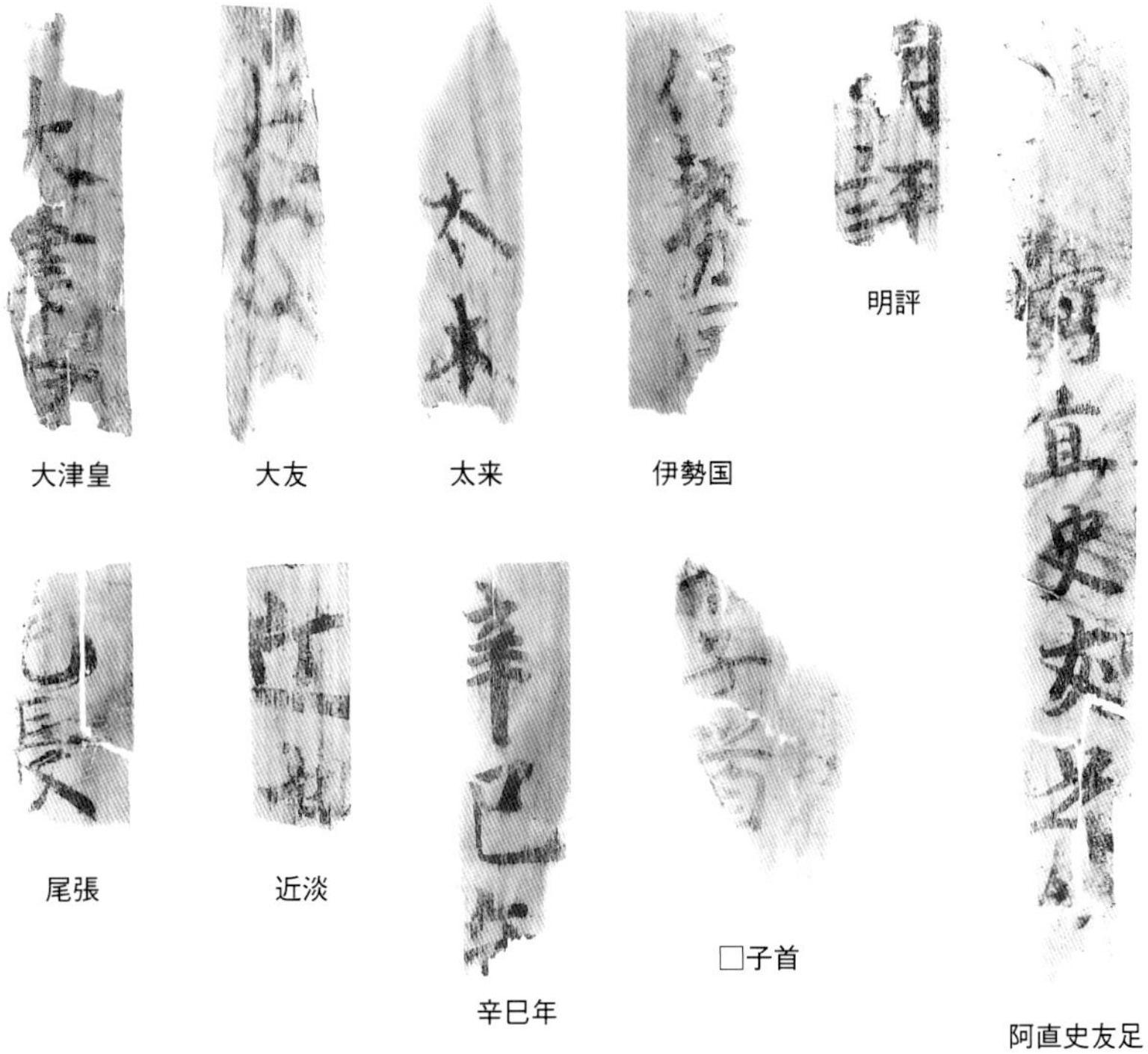

図48 ● 東外郭から出土した木簡の削片
第104次調査では1082点の木簡が出土したが、すべてが木簡を刀子で削った削屑であった。いずれも指先ほどの大きさで、厚さも1ミリあるかないかである。内容は壬申の乱に関わる地名や人名が多数みえる。

および上古諸事の記定作業を開始しており、辛巳年＝天武一〇年の木簡の存在を考慮すれば、これらの木簡は国史編纂作業にともなって廃棄されたものと考えてよい。

内郭北方と苑池から出土した木簡

内郭と飛鳥寺の中間地点にあたる内郭北方で実施した第一三一次調査では、石組み溝のなかから多量の食料品の荷札木簡が出土した。丁丑年《ていちゅう》（六七七）から癸巳年《きし》（六九三）までの紀年銘木簡が含まれ、天武・持統朝のものである。

木簡の内容は鯛《たい》、鮒《ふな》、鹿の乾し肉などであり、調理に際して食材から外されて廃棄されたと考えられることから、周辺に食料品を調理して内裏へたてまつる「膳職《ぜんしき》」のような組織が置かれたことが推測される。この木簡が出土したとき橿原考古学研究所に勤務してまだ二年目だった私は、指導研究員の和田萃《わだあつむ》氏に木簡解読の技術を一から教えていただき、いっしょに解読作業を進めた。

内郭の北西に隣接する苑池から出土した木簡（第一四三・一四五・一四七次調査）も内容的に特色のあるものである。この木簡が出土したときは和田萃氏に加えて東野治之《とうのはるゆき》氏にも解読作業をお願いした。

出土木簡のすべてが苑池で用いられたものではなく、周辺から入ったものも少なくないと思われるが、苑池周辺の施設の利用状況がよくわかるものである（図49）。苑池出土木簡は天智朝から大宝以降の長期にわたるもので、飛鳥宮の存続年代とも一致する。

「嶋官《しまのつかさ》」と書かれた木簡は、池に中島があることから後の園池司《えんちし》との関連がうかがわれる。ほかの木製品から転用した板材であり、肉眼では文字もほとんど読み取れないが、赤外線カメラのモニターに映しだした瞬間に「嶋」「官」の文字が目に飛びこんできて少し興奮したことが思い出される。

「干官《かしわでのつかさ》」と書かれたものはカシワデを「干」と表記した例が知られることから膳職との関連がうかがわれ、「造酒司《ぞうしゅし》」の木簡は大宝令施行後も飛鳥宮で造酒司が活動したことを示すものである。「良水が銘酒を生む」といわれるように、飛鳥宮の水は東方の山からの伏流水による清冽な湧き水であるので、酒造りには最適であったろう。

とくに注目されるのは漢方薬「西《せい》州続命湯《しゅうぞくめいとう》」の配合成分を記した木簡である。この薬の出典については、いつの時代に日本に入った書物なのか議論があるが、唐の孫思邈《そんしばく》が著した『千《せん》金要方《きんようほう》』などの中国の医薬書にみえるもので、飛鳥宮には最新の医薬が伝わっていたことがはっきりとわかる。こ

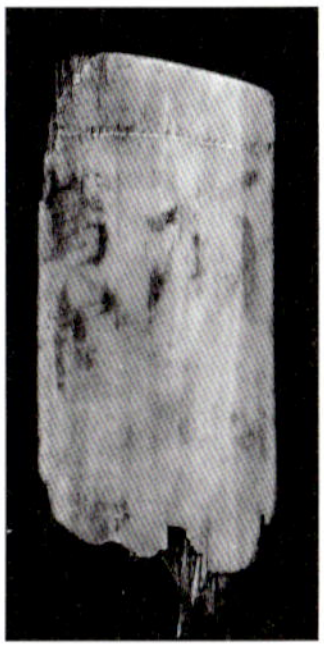

嶋官

（裏）　（表）

西州続命湯

図 49 • 飛鳥京跡苑池出土の木簡
北側の水路から多数の木簡が出土した。
年代は天智朝から大宝以降と幅広い。

のほかにも「豉酒《くきざけ》」「亡消《ぼうしょう》」といった薬品名が書かれたものがあり、付近には医療をつかさどる役所も存在したことがわかる。

以上のように、内郭の周辺から出土する木簡によって、内郭周辺には行政的な役所ではなく、むしろ内廷的な役所が多く存在したらしいことが確認できる。至極当然のことではあるが、内郭に隣接した地域には天皇に奉仕する宮内官が置かれたといえよう。

石神遺跡は天武朝の官衙群

一方、行政的な外廷官司の所在地については、内郭周辺

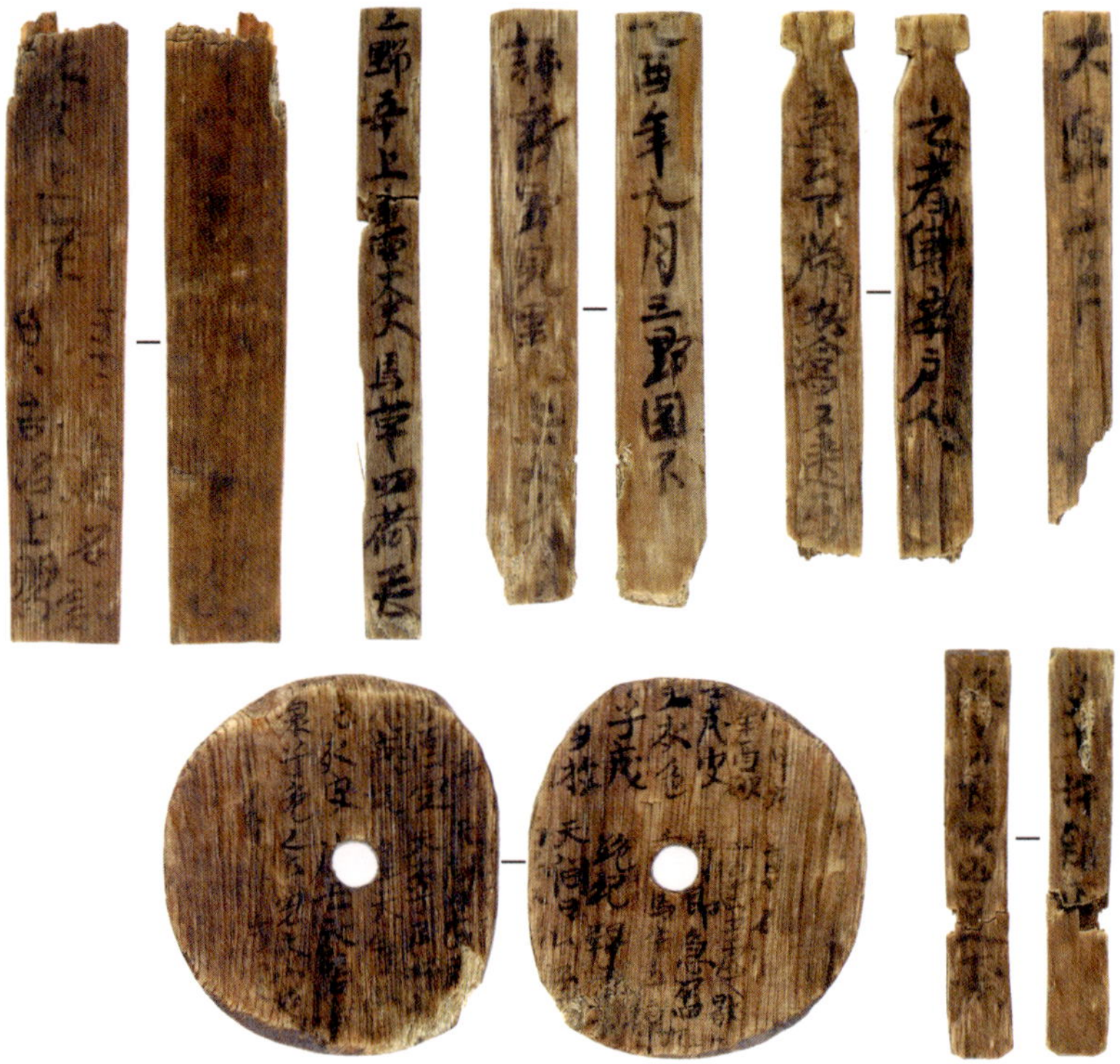

図50 ● 石神遺跡出土の木簡
「大学官」など役所名の書かれた木簡や全国から徴収された仕丁の編成に関する木簡、689年（持統3）の具注暦木簡などが出土している。暦の木簡は巻物だった暦を木の板に書き写して使用し、不要になってから円形に加工されている。

では所在を推測させるものは文献史料や出土木簡にもない。現時点で外廷官司の場所を求められるとすれば、それは飛鳥宮一帯ではなく、飛鳥寺をはさんで北側に所在する石神遺跡である。石神遺跡から出土する木簡には、各地から飛鳥へ連れてこられた仕丁の編成に関する木簡や、これら仕丁の食料にあてられた「養米《ようまい》」の荷札木簡、「大学官《だいがくのつかさ》」（後の大学寮）、「御垣守《みかきもり》」（飛鳥宮の警備にあたったか）などの役所名を記した木簡、当時のカレンダーである具注暦《ぐちゅうれき》の木簡など、行政にかかわる役所の存在をうかがわせる木簡が多数を占め、内郭周辺から出土する木簡とは対照的である（図50）。

こうしたことから判断すると、飛鳥宮は丘陵と川にはさまれた河岸段丘上の狭い場所に占地しているため、一カ所に宮と官衙を置くことは困難であり、行政にかかわる役所に関しては、飛鳥寺の北側など内郭から離れた開けた場所に展開したのではないだろうか。

このほか酒船石遺跡からも木簡が出土している。勤務評定にかかわる木簡のほか、「刀支県《ときのあがた》」「牟義君《むぎのきみ》」など美濃国にかかわるもの、「三重評青女五十戸《みえのこおりうねめ》」という伊勢国にかかわるものがみえる。「五十戸」と書かれているため、天武朝前半以前のものとみられるが、一方で霊亀《れいき》二年（七一六）の紀年名がある白米荷札も出土しているので、やはり平城遷都後も宮の一部が継続して利用されていたらしい。

第6章　飛鳥から藤原へ

1　新城の造営

新城に都つくらむとす

『日本書紀』天武紀下をみると、天武天皇は早い段階から新しい都城を造営しようとしていた様子がうかがえる。六七六年（天武五）の記事には「是年《ことし》、新城《にいき》に都つくらむとす。限《かぎり》の内の田園《たはたけ》は、公私を問はず、皆耕さずして悉《ことごとく》に荒れぬ。然れども遂に都つくらず」とあり、このときは用地の確保はおこなったものの完成には至らなかったようである。

しかし、六年後の六八二年（天武一一）に造営を再開したらしく「三月甲午《こうご》の朔に、小《しょう》紫《し》三野《みの》王及び宮内官大夫等に命《みことのり》して、新城に遣して、其の地形を見しむ。仍《よ》りて都つくらむとす」とあり、同じ月には「己酉《きゆう》、新城に幸《いでま》す」とあるように自らも現地へ行幸している。六八三（天武一二年）七月にも「癸卯に、天皇、京師《みやこ》に巡行《おは》します」とあり、ついに六八四年

（天武一三）三月に「辛卯《しんぼう》に、天皇、京師に巡行《ありき》たまひて、宮室之地《みやどころ》を定めたまふ」と宮の場所を決定している。これが後の藤原宮である。

藤原京は南北約五・三キロ、東西約五・二キロのほぼ正方形で、その中心に一辺約一キロ四方の藤原宮がある。京域は、東西南北を碁盤の目のように十条十坊の街路によって区画した日本で最初の本格的な都城である。これは中国の周代の官制を記した書『周礼《しゅらい》』にもとづく理想的な都城を具現化したものである。

飛鳥宮が周辺を丘陵や川にかこまれた狭い土地に立地し、官衙や施設が散在したのとは異なり、藤原京は中心に天皇の宮と官衙を整然と配置し、四方の街区には官人の宅地を班給した、まさに政治的につくられた都市であった。

藤原京でみつかった天武朝の遺構

藤原京の発掘調査では、藤原京の施設の造営に先立って設定された「先行条坊《せんこう》」と、さらに古い「先々行条坊《せんせんこう》」がみつかっている。遺構の新旧関係と出土遺物の年代観などから、先行条坊は六八二年（天武一一）段階のもの、「先々行」条坊は施工が部分的で未完成な状態であるので六七六年（天武五）段階のものにあてはまる。つまり、『日本書紀』の「新城」とは後の藤原京（持統紀では新益京《あらましのみやこ》）のことであり、実際に天武五年の段階で造営に着手していたことが発掘調査で確認されたわけである。

藤原宮大極殿付近で発見された運河跡からは、天武一〇年～一三年の年紀が書かれた木簡が出土しているので、六八四年（天武一三）に決定した宮室の地ではこのころから宮の造営がはじまり、最終的に六九四年（持統八）に藤原宮として完成したのだろう。

このような経過をみると、天武天皇は六七三年（天武二）に飛鳥浄御原宮に即位したものの、早くも三年後には飛鳥とは別の地に広大な都を造営する計画をしていたことになる。壬申の乱の後に即位した段階でこのような構想をすでに考えていたのであれば、新たに宮を造営せずに後飛鳥岡本宮を引きつづき利用した理由の一つがまさにこれだったのではないだろうか。

新宮と旧宮

天武紀には「新宮《にいみや》」と「旧宮《ふるみや》」という記述がみえる。これらの解釈については、「旧宮」を後飛鳥岡本宮、「新宮」を飛鳥浄御原宮とする理解が一般的で、こうした表現が同じ天武紀のなかにみえることが、天武天皇の飛鳥浄御原宮が後飛鳥岡本宮を部分的に継承したものであることの根拠の一つとなっている。このほかの解釈として「新宮」「旧宮」ともに飛鳥浄御原宮であり、六八一年（天武一〇）ごろの整備や六八五年（天武一四）の大改修にともなう呼称とする説もある。しかし、右にみたように、六八四年（天武一三）に新城の宮室の地が決定し、条坊も造られていたことを考慮すると、また別の見方が可能となる。

「旧宮」がみえるのは六八五年（天武一四）の記事であるから、前年の六八四年（天武一三）に定まった新城の「宮室の地」に対して飛鳥浄御原宮を「旧宮」とよび、六七八年（天武七）と六八一年（天武一〇）にみえる「新宮」はそれまでの後飛鳥岡本宮に対して壬申の乱後に入った飛鳥浄御原宮をさしたものであろうと私は考える。

「新宮」の表現が六七八年（天武七）と比較的早い段階からみえているのに対し、「旧宮」が六八五年（天武一四）になってはじめてみえるという不自然さも、右のような理解で解消することができる。『日本書紀』にみえる新宮・旧宮はいずれも結果的には飛鳥浄御原宮をさすと考えてよいのではないだろうか。

2　飛鳥宮の解体

建物の解体

藤原遷都は前述のように天武朝から計画され、建設工事もはじまっていたが、天武の在位中に完成させることはできなかった。持統天皇はその計画を引き継ぎ、六九四年（持統八）一二月にようやく宮を飛鳥から藤原へ遷した。これにより飛鳥宮は皇権の所在地としての役目を終えることとなった。

発掘調査で飛鳥宮の遺構をみると、藤原宮へ移転するにあたり建物をていねいに解体したことがわかる。飛鳥宮の建物は例外なく掘立柱建物であったが、多くの柱穴は抜き取り穴によって一部が壊されている。これは柱を再利用する目的で、周囲に穴を掘って柱を倒して引き抜いた痕跡である。まだ新しい柱や多少傷んでいても利用できる太い柱などを抜き取ったようだ。

一方、柱穴の中心に空洞ができて陥没するものもある。こうした柱穴は断ち割ってみると、柱穴のなかに柱の根元が残っていることが多い。これらは柱を抜き取らずに、地上部分で切り取ったために、地中に埋もれた部分が残ったものである（これを柱根《ちゅうこん》という）。地表付近で腐食するなどして再利用できない柱材は、このように処理したらしい。

飛鳥宮の遺構を検討する場合、柱を抜き取っているか切り取っているか、ということが建物の造営時期などを考える手がかりの一つとなることがある。たとえば内郭をかこむ一本柱列は柱根が残っているのに対し、東南郭（エビノコ郭）の柱列ではほとんどすべての柱を抜き取っている。東南郭は内郭よりも遅れて造営したものであるため、柱の腐食が少なく、地中から引き抜いての再利用に堪えたのであろう。

内郭南区画東部の二棟の南北棟建物などは、一つの建物でも抜き取ったものと切り取ったものとが混在するので、一概に処理の違いが造営時期の違いに直結するわけではないが、ある程度の目安としてよいだろう。

解体後の整地作業

建物の柱を抜き取る、あるいは切り取るなどして解体した後は、黄褐色土によって地面を覆い、宮の跡地を整地している。柱の抜き取り穴は黄褐色の土が入っているので遺構検出時にわかりやすい。

この黄褐色の土は飛鳥宮のほぼ全域でみられ、もともとは宮造営時に整地土として用いたり建物の下に敷いたものらしい。建物廃絶後の整地と造営時の整地の土は、微妙な差により発掘調査で識別可能である。宮の建物を解体したときに、石敷き舗装をはずさずにそのまま黄褐色土で覆ったため、当時の舗装がそのまま残っていることが多い。舗装や建物の周囲の石敷き、排水溝、さらには建物床下の状況や階段の存在など細部について知ることが可能である。

飛鳥宮は藤原遷都とともに解体されたが、このように黄褐色土の整地土でパックされたまま一三〇〇年以上保たれたことにより、発掘調査でほぼ廃絶時のままの状態をみることができる。飛鳥宮の遺構が驚くほど残りがよい理由の一つにはこうした背景がある。

宮廃絶後の飛鳥

飛鳥宮は、藤原宮へ宮を遷したことによってその役目を完全に終えたわけではなかった。

宮に付属する苑池から出土した木簡は、天智朝から持統朝にかけてのものが大半を占めているが、それらのなかに「造酒司《ぞうしゅし》解《げ》」と書かれた木簡が含まれていた（**図51**）。役所名の「造酒司」、文書様式の「解」はともに大宝令に規定されたもので、七〇一年（大宝元）以降も苑池

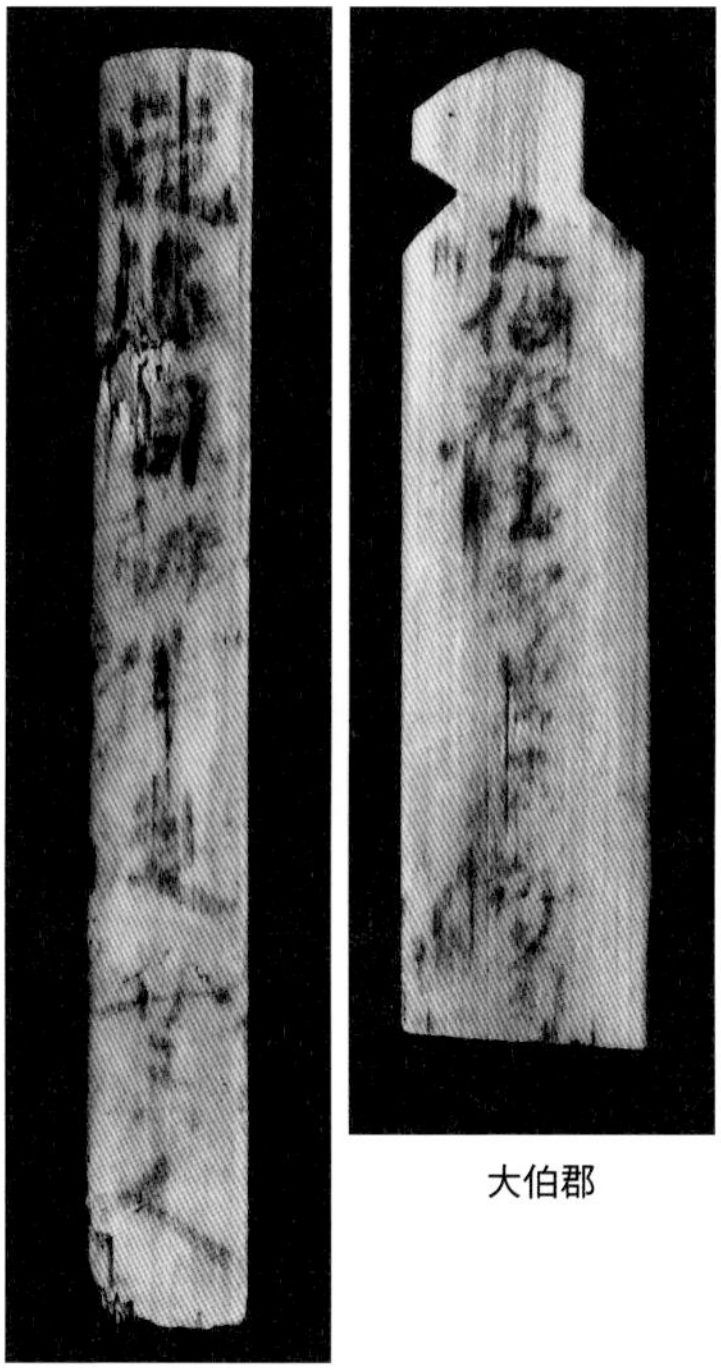

造酒司解　大伯郡

図 51 ● 苑池出土の大宝令制下の木簡
「造酒司」は大宝令で定められた役所名。地方の行政組織を「郡」と表記したのも大宝令以降で、7 世紀には「評」と記された。

周辺で何らかの活動がおこなわれたことを示している。

同時に出土した木簡には「大伯郡《おおくぐん》」と書かれた米の荷札木簡もあり（図51）、「郡」という文字から、大宝令以降のものであることは確実である。具体的な活動内容はわからないものの、米を使用していることから酒の仕込み作業にかかわるものである可能性が高い。

飛鳥宮そのものは奈良時代以降はほとんど使用されなくなったものの、周辺も含めた飛鳥地域では宮としての機能は完全には放棄されず、つぎに述べるように、奈良時代にも宮として存続していた。

3 奈良時代の飛鳥の宮

小治田宮

推古天皇が豊浦宮で即位した後、小墾田宮を営んだことは先にもふれたが、この宮は永く存続したらしく、『続日本紀』によれば、奈良時代には淳仁《じゅんにん》・称徳《しょうとく》天皇の二代にわたって関連する記事がみえている。

淳仁天皇は、七六〇年（天平宝字四）八月一四日に、播磨・備前・備中・讃岐の糒《ほしい》合計三〇〇〇斛《こく》を小治田宮に運んで蓄えさせ、同月一八日に小治田宮へ行幸し、さらに諸国の当年の調庸を小治田宮に納めるよう命じた。行幸は翌年正月までおよんでいる。

称徳天皇も、恵美押勝《えみのおしかつ》（藤原仲麻呂《ふじわらのなかまろ》）の乱が収まった後の七六五年（天平神護元《てんぴょうじんご》）一〇月に紀伊国へ行幸する途中で「高市郡小治田宮」に滞在し、到着の翌日は大原・長岡を巡歴し、明日香川に臨んで宮に還っている。

淳仁天皇の入った小治田宮は、滞在が五カ月におよぶ長期であることや三〇〇〇斛の糒やその年の調庸を収納できるような倉が多数あったとみられることから、一時的な宮ではなく、かなり整ったものであったことがわかる。

推古天皇の小墾田宮は、かつては豊浦寺北方にある古宮土《ふるみやど》壇《だん》付近が所在地と推定されていたが、一九八七年に雷丘東側（現在の「雷」交差点周辺）で道路拡幅工事にともなう発掘調査を実施したところ、井戸跡から「小治田宮」の墨書土器（八世紀末～九世紀）が出土し（**図52**）、奈良時代後半の小治田宮が雷丘周辺に所在したことが判明した。

井戸枠は年輪年代測定（木材の年輪パターンを解析することにより伐採年代を測定する方法）をおこなった結果、西暦七五八年＋αの年代を示し、淳仁天皇の行幸時期とも一致する。この遺跡は雷丘東方遺跡と命名され、その後の発掘調査では七世紀前半、七世紀後半、八世紀後半の遺構を検出して

図52●「小治田宮」と記された墨書土器
「小治田宮」と墨書された土器が多数出土したことは飛鳥の発掘調査史上では画期的なことであり、これにより奈良時代の小治田宮の所在地が確定した。推古天皇の小墾田宮の所在地もこの付近で間違いないだろう。

おり、最も古い遺構は推古天皇の小墾田宮にかかわる可能性もある。このあたりに「おはりだのみや」が存在したことはほぼ確実であろう。

嶋宮

石舞台古墳がある明日香村大字島庄は、地名から嶋宮の所在地として早くから推定されてきた。『日本書紀』推古三四年（六二六）五月の記事によれば、蘇我馬子は飛鳥川のほとりにあった邸宅の庭中に池を開き嶋を築いたことから「嶋大臣《しまのおとど》」とよばれたといい、これが嶋宮・島庄などの名称の起源とみられる。

大海人皇子（天武天皇）は、六七一年（天智一〇）一〇月に、近江大津宮から吉野へ入る途中に嶋宮に立ち寄っており、壬申の乱に勝利した後に最初に入ったのもこの嶋宮であった。『万葉集』巻二にみえる草壁皇子（天武天皇の皇太子）の殯宮挽歌からは、嶋宮は草壁皇子の宮として利用されたことや「勾《まがり》の池」があったことなどもわかる。

嶋宮では六七六年（天武五）正月に宴を催し、六九〇年（持統四）三月には京・畿内の八〇歳以上の者に嶋宮の稲二〇束を賜わったとあるので、宮としての性格とは別に経済的規模の大きさが注目されるが、草壁皇子の宮として使用されたことからもわかるように、本質的には七世紀における東宮《とうぐう》的な機能をもっていたようである。

現在、バス駐車場などがある旧高市小学校跡地北側にある水田の畦には不自然な直角に曲がった石垣をみることができる。ここを橿原考古学研究所が一九七二年に発掘調査したところ、底に石を敷きつめ、周囲を高さ二メートル、幅一〇メートルの石組みの堤でかこんだ、一辺四二メートルの方形池の跡であることが判明した。出土した遺物から、方形池は七世紀はじめごろにつくったとみられ、その後は中世にかけて次第に埋もれたようである。

また一九八七年の調査では、方形池の北東で、近くの冬野川《ふゆのがわ》から水を引いて自然の川を模したような人工水路がみつかっている。七世紀終わりごろに、この水路や石組み小池を埋めたてて正方位の掘立柱建物を二棟つくっていて、調査の所見では草壁皇子の嶋宮との関連を指摘している。

さらに二〇〇四年から三年計画で明日香村教育委員会が実施した旧高市小学校跡の調査では、七世紀前半・中ごろ・後半の時期の掘立柱建物群がみつかっており、蘇我馬子の「飛鳥河の傍《ほとり》の家」や草壁皇子の「嶋宮」の時期とも重なるものである。島庄遺跡の中心に近い部分とみられる。

飛鳥から宮都が藤原・平城へと遷った後、嶋宮は廃絶したわけではなく、小治田宮と同様に奈良時代にも存続したことが史料上からわかる。七五〇年（天平勝宝二）二月に嶋宮の奴婢《ぬひ》八三人が大和国金光明寺《こんこうみょうじ》（東大寺）に施入されていることから、嶋宮は奈良時代中ごろにも維持され、一定規模の活動をおこなっていたことがわかる。『諸寺縁起集《しょじえんぎしゅう》』によると、七五六年（天平勝宝八）に嶋宮の御田《みた》が橘寺に施入されたといい、このころには離宮としての役目を終えたのかもしれない。

4 おわりに―飛鳥宮とその時代―

ここまで飛鳥宮の遺構とその歴史的な背景をみてきたが、飛鳥宮、とくに斉明朝から天武・持統朝の宮は、律令国家の形成過程が如実にあらわれているといえよう。

天武朝における内郭の天皇の独占的使用と内郭から独立した「朝堂」の設立は、天皇の居所としての旧来の宮から律令国家の支配拠点への進化の過程が反映されたもので、それは天武・持統朝にかけて天皇権の強化と群臣の官僚化がなされ、飛鳥浄御原令の施行により制度的な維持が達成されたとみてよい。

それまでの天皇と群臣の混然とした関係を分離し、伝統的な宮を律令体制に適合させようとした結果が、発掘調査で明

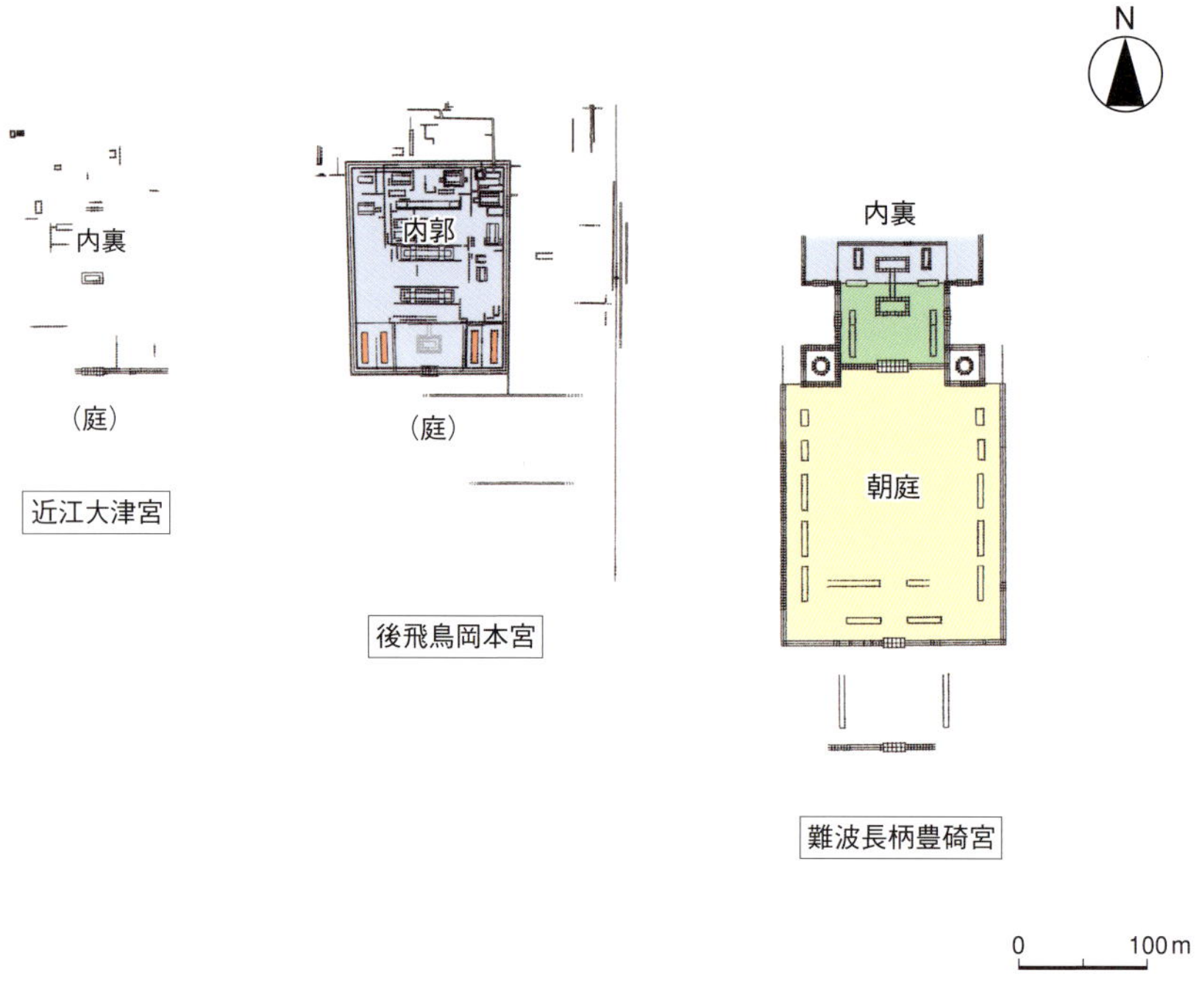

らかとなった飛鳥宮の遺構変遷としてあらわれている。そして、それを新城というかたちで再構成したものが藤原宮といえよう。

藤原宮の設計に難波長柄豊碕宮が大きく影響していることはみつかっている遺構から明らかで、飛鳥宮は年代的に両者のあいだに位置づけられる（**図53**）。これは、大化改新で掲げた目標が大宝律令として結実するまでの過程が飛鳥宮に凝縮されていることを意味する。

このような歴史的な背景をもつ遺跡が、ほぼそのままの状態で現在も明日香村に残っていることは奇跡的ともいうべきであり、十分な調査・研究をおこなったうえで、将来に伝えていく努力をしなくてはならない。本書がその入り口となることを願う。

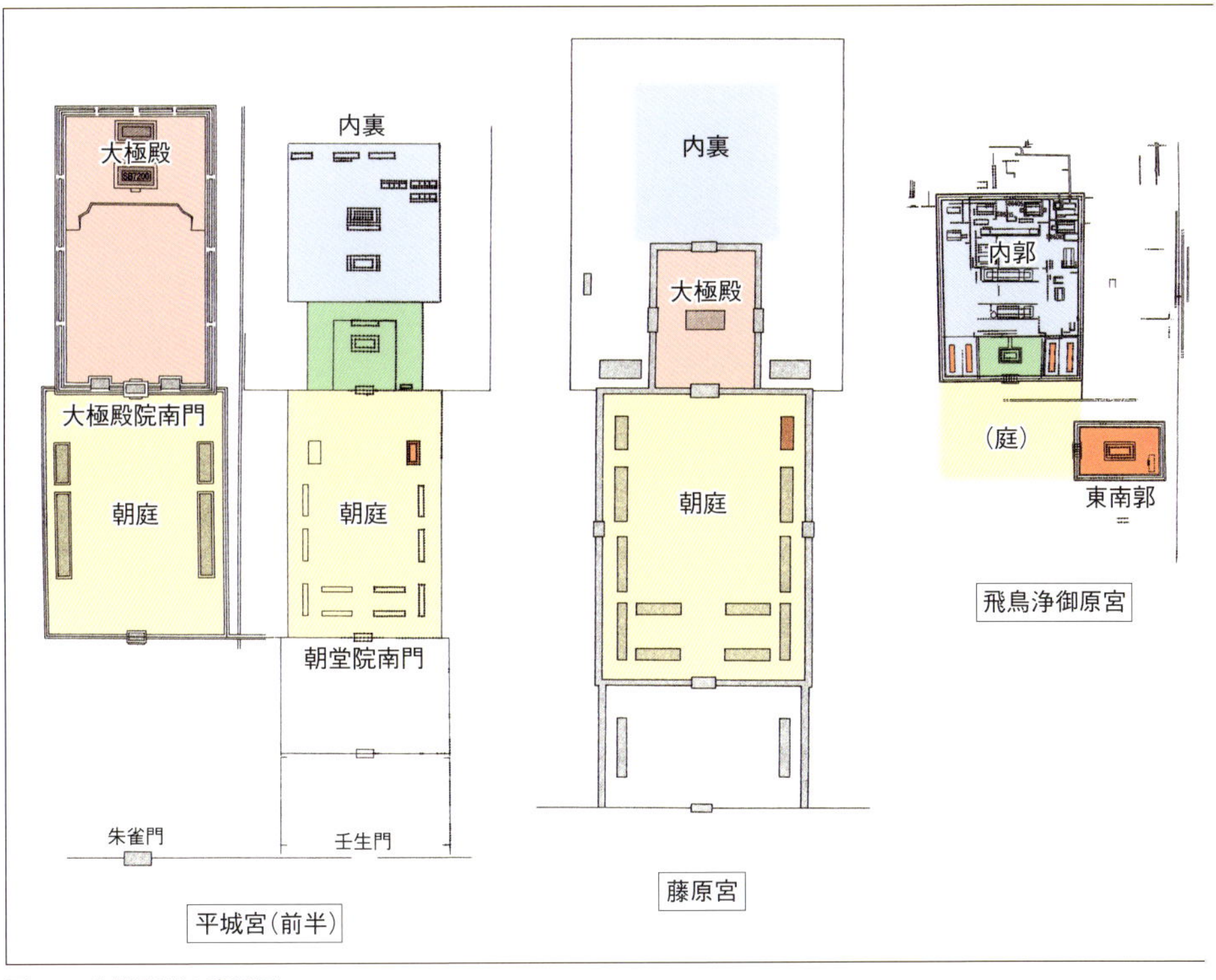

図53 ● 古代宮都の変遷図
難波長柄豊碕宮から平城宮までの宮中枢部を比較してみた。施設の性格の違いを色で表現した。

参考文献

喜田貞吉　一九一五　『帝都』日本学術普及会
奈良国立文化財研究所　一九六一　『平城宮跡・伝飛鳥板蓋宮跡発掘調査報告』奈良国立文化財研究所学報第一〇冊
奈良県教育委員会　一九七一　『飛鳥京跡一』奈良県史跡名勝天然記念物調査報告第二六冊
奈良県教育委員会　一九八〇　『飛鳥京跡二』奈良県史跡名勝天然記念物調査報告第四〇冊
岸俊男　一九八八　『日本古代文物の研究』塙書房
岸俊男　一九八八　『日本古代宮都の研究』岩波書店
橋本義則　一九九五　『平安宮成立史の研究』塙書房
奈良国立文化財研究所　一九九五　『飛鳥・藤原宮発掘調査報告Ⅳ　―飛鳥水落遺跡の調査―』奈良国立文化財研究所学報第五五冊
八木充　一九九六　『研究史飛鳥藤原京』吉川弘文館
林部均　二〇〇一　『古代宮都形成過程の研究』青木書店
小澤毅　二〇〇三　『日本古代宮都構造の研究』青木書店
吉川真司　二〇〇五　「王宮と官人社会」『列島の古代史ひと・もの・こと3　社会集団と政治組織』岩波書店
明日香村教育委員会　二〇〇六　『酒船石遺跡発掘調査報告書―付、飛鳥東垣内遺跡・飛鳥宮ノ下遺跡―』
林部均　二〇〇八　『飛鳥の宮と藤原京　よみがえる古代王宮』吉川弘文館
奈良県立橿原考古学研究所　二〇〇八　『飛鳥京跡Ⅲ』奈良県立橿原考古学研究所調査報告第一〇二冊
今尾文昭　二〇〇八　『律令期陵墓の成立と都城』青木書店
橋本義則　二〇一一　『古代宮都の内裏構造』吉川弘文館
奈良県立橿原考古学研究所　二〇一一　『飛鳥京跡Ⅳ』奈良県立橿原考古学研究所調査報告第一〇八冊
奈良県立橿原考古学研究所　二〇一二　『史跡・名勝　飛鳥京跡苑池』奈良県立橿原考古学研究所調査報告第一一一冊
奈良県立橿原考古学研究所　二〇一四　『飛鳥京跡Ⅵ』奈良県立橿原考古学研究所調査報告第一一七冊
重見泰　二〇一五　「後飛鳥岡本宮の構造と飛鳥浄御原宮の成立」『ヒストリア』第二四九号　大阪歴史学会

伝飛鳥板蓋宮跡

・奈良県高市郡明日香村岡
・近鉄橿原神宮前駅東口より岡寺前行バス「岡天理教前」下車、徒歩5分。

Ⅲ期遺構（後飛鳥岡本宮・飛鳥浄御原宮）の井戸や柱列を復元整備してある。飛鳥ではこのほか、水落遺跡の復元遺構や亀形石槽なども見学できる。

奈良県立橿原考古学研究所附属博物館

・奈良県橿原市畝傍町50―2
・電話　0744（24）1185
・開館時間　9：00～17：00（入館は16：30まで）
・休館日　月曜（祝日の場合は翌日）、年末年始（12月28日～1月4日）
・入館料　一般400円、大学・高校生300円、小中学生200円
・交通　近鉄橿原神宮前駅より徒歩15分、畝傍御陵前駅より徒歩5分

常設展示第3展示室「Ⅰ古代の宮都1飛鳥の宮」で、飛鳥宮の発掘調査を出土品とパネル、復元模型で紹介。

橿原考古学研究所附属博物館の飛鳥宮復元模型

飛鳥資料館

・奈良県高市郡明日香村奥山601
・電話　0744（54）3561
・開館時間　9：00～16：30（入館は16：00まで）
・休館日　月曜（祝日の場合は翌日）、年末年始（12月26日～1月3日）、特別展開催中は無休
・入館料　一般270円、大学生130円、高校生および18歳未満・65歳以上は無料
・交通　近鉄橿原神宮前駅・飛鳥駅から明日香周遊バス（赤かめ）で「飛鳥資料館」下車、近鉄桜井駅から奈良交通石舞台行バスで「飛鳥資料館」下車。

奈良文化財研究所の展示施設で、庭園に出水の酒船石の複製品を、ロビーに石人像の実物を展示し、第一展示室で水落遺跡の漏刻や高松塚古墳など飛鳥を代表する遺跡を出土品と模型で紹介。

飛鳥資料館

遺跡には感動がある

——シリーズ「遺跡を学ぶ」刊行にあたって——

「遺跡には感動がある」。これが本企画のキーワードです。

あらためていうまでもなく、専門の研究者にとっては遺跡の発掘こそ考古学の基礎をなす基本的な手段です。また、はじめて考古学を学ぶ若い学生や一般の人びとにとって「遺跡は教室」です。

日本考古学では、もうかなり長期間にわたって、発掘・発見ブームが続いています。そして、毎年厖大な数の発掘調査報告書が、主として開発のための事前発掘を担当する埋蔵文化財行政機関や地方自治体などによって刊行されています。そこには専門研究者でさえ完全には把握できないほどの情報や記録が満ちあふれています。しかし、その遺跡の発掘によってどんな学問的成果が得られたのか、その遺跡やそこから出た文化財が古い時代の歴史を知るためにいかなる意義をもつのかなどといった点を、莫大な記述・記録の中から読みとることははなはだ困難です。ましてや、考古学に関心をもつ一般の社会人にとっては、刊行部数が少なく、数があっても高価なその報告書を手にすることすら、ほとんど困難といってよい状況です。

いま日本考古学は過多ともいえる資料と情報量の中で、考古学とはどんな学問か、また遺跡の発掘から何を求め、何を明らかにすべきかといった「哲学」と「指針」が必要な時期にいたっていると認識します。

本企画は「遺跡には感動がある」をキーワードとして、発掘の原点から考古学の本質を問い続ける試みとして、日本考古学が存続する限り、永く継続すべき企画と決意しています。いまや、考古学にすべての人びとの感動を引きつけることが、日本考古学の存立基盤を固めるために、欠かせない努力目標の一つです。必ずや研究者のみならず、多くの市民の共感をいただけるものと信じて疑いません。

二〇〇四年一月

戸沢充則

著者紹介

鶴見泰寿（つるみ・やすとし）

1969年、名古屋市生まれ。

名古屋大学大学院文学研究科博士課程前期課程史学地理学専攻日本史専門修了。

現在、奈良県立橿原考古学研究所附属博物館主任学芸員。

主要著作 『飛鳥京跡VI』（共著、橿原考古学研究所）、『東大寺旧境内—唐禅院跡推定地の発掘調査—』（共著、橿原考古学研究所）、『大仏開眼—東大寺の考古学—』（橿原考古学研究所附属博物館）、「七世紀の宮都木簡」『木簡研究』第20号（木簡学会）、「飛鳥京出土の木簡」（共著）『続明日香村史』（明日香村）、「告知札」『文字と古代日本4　神仏と文字』（吉川弘文館）、「良弁・実忠」『古代の人物』（清文堂）、「飛鳥京出土の木簡をめぐって」『明日香風』104号（飛鳥保存財団）ほか。

写真提供（所蔵）
奈良県立橿原考古学研究所：図1・4・7～10・13～19・21・29～36・38上・39・40・42・43・45～49・51
奈良文化財研究所：図3・26・28・50
明日香村教育委員会：図24・25・27・52

図版出典（一部改変）
図2：国土地理院1/25000地形図「畝傍山」
図5・22：小澤毅『日本古代宮都構造の研究』
図6・12・20・37：橿原考古学研究所『飛鳥京跡III』
図38下：橿原考古学研究所『奈良県遺跡調査概報1977年度』
図41：橿原考古学研究所『飛鳥京跡VI』

上記以外は著者

シリーズ「遺跡を学ぶ」102

古代国家形成の舞台・飛鳥宮《あすかのみや》

2015年　8月15日　第1版第1刷発行

著　者＝鶴見泰寿

発行者＝株式会社　新 泉 社

東京都文京区本郷2－5－12
TEL 03（3815）1662 ／ FAX 03（3815）1422
印刷／三秀舎　製本／榎本製本

ISBN978－4－7877－1532－6　C1021

シリーズ「遺跡を学ぶ」 第1ステージ100巻（＋別冊4）完結

A5判／96頁／定価各1500円＋税

●第Ⅰ期（全31冊完結・セット函入 46500円＋税）

01 北辺の海の民・モヨロ貝塚 米村 衛
02 天下布武の城・安土城 木戸雅寿
03 古墳時代の地域社会復元・三ッ寺Ⅰ遺跡 若狭 徹
04 原始集落を掘る・尖石遺跡 勅使河原彰
05 世界をリードした磁器窯・肥前窯 大橋康二
06 五千年におよぶムラ・平出遺跡 小林康男
07 豊饒の海の縄文文化・曽畑貝塚 木﨑康弘
08 未盗掘石室の発見・雪野山古墳 佐々木憲一
09 氷河期を生き抜いた狩人・矢出川遺跡 堤 隆
10 描かれた黄泉の世界・王塚古墳 柳沢一男
11 江戸のミクロコスモス・加賀藩江戸屋敷 追川吉生
12 北の黒曜石の道・白滝遺跡群 木村英明
13 古代祭祀とシルクロードの終着地・沖ノ島 弓場紀知
14 黒潮を渡った黒曜石・見高段間遺跡 池谷信之
15 縄文のイエとムラの風景・御所野遺跡 高田和徳
16 鉄剣銘一一五文字の謎に迫る・埼玉古墳群 高橋一夫
17 石にこめた縄文人の祈り・大湯環状列石 秋元信夫
18 土器製塩の島・喜兵衛島製塩遺跡と古墳 近藤義郎
19 縄文の社会構造をのぞく・姥山貝塚 堀越正行
20 大仏造立の都・紫香楽宮 小笠原好彦
21 律令国家の対蝦夷政策・相馬の製鉄遺跡群 飯村 均
22 筑紫政権からヤマト政権へ・豊前石塚山古墳 長嶺正秀
23 弥生実年代と都市論のゆくえ・池上曽根遺跡 秋山浩三
24 最古の王墓・吉武高木遺跡 常松幹雄
25 石槍革命・八風山遺跡群 須藤隆司
26 大和葛城の大古墳群・馬見古墳群 河上邦彦
27 南九州に栄えた縄文文化・上野原遺跡 新東晃一
28 泉北丘陵に広がる須恵器窯・陶邑遺跡群 中村 浩
29 東北古墳研究の原点・会津大塚山古墳 辻 秀人
30 赤城山麓の三万年前のムラ・下触牛伏遺跡 小菅将夫
別01 黒耀石の原産地を探る・鷹山遺跡群 黒耀石体験ミュージアム

●第Ⅱ期（全20冊完結・セット函入 30000円＋税）

31 日本考古学の原点・大森貝塚 加藤 緑
32 斑鳩に眠る二人の貴公子・藤ノ木古墳 前園実知雄
33 聖なる水の祀りと古代王権・天白磐座遺跡 辰巳和弘
34 吉備の弥生大首長墓・楯築弥生墳丘墓 福本 明
35 最初の巨大古墳・箸墓古墳 清水眞一
36 中国山地の縄文文化・帝釈峡遺跡群 河瀬正利
37 縄文文化の起源をさぐる・小瀬ヶ沢・室谷洞窟 小熊博史
38 世界航路へ誘う港市・長崎・平戸 川口洋平
39 武田軍団を支えた甲州金・湯之奥金山 谷口一夫
40 中世瀬戸内の港町・草戸千軒町遺跡 鈴木康之
41 松島湾の縄文カレンダー・里浜貝塚 会田容弘
42 地域考古学の原点・月の輪古墳 近藤義郎・中村常定
43 天下統一の城・大坂城 中村博司
44 東山道の峠の祭祀・神坂峠遺跡 市澤英利
45 霞ヶ浦の縄文景観・陸平貝塚 中村哲也
46 律令体制を支えた地方官衙・弥勒寺遺跡群 田中弘志
47 戦争遺跡の発掘・陸軍前橋飛行場 菊池 実
48 最古の農村・板付遺跡 山崎純男
49 ヤマトの王墓・桜井茶臼山古墳・メスリ山古墳 千賀 久
50 「弥生時代」の発見・弥生町遺跡 石川日出志

●第Ⅲ期（全26冊完結・セット函入 39000円＋税）

51 邪馬台国の候補地・纒向遺跡 石野博信
52 鎮護国家の大伽藍・武蔵国分寺 福田信夫
53 古代出雲の原像をさぐる・加茂岩倉遺跡 田中義昭
54 縄文人を描いた土器・和台遺跡 新井達哉
55 古墳時代のシンボル・仁徳陵古墳 一瀬和夫
56 大友宗麟の戦国都市・豊後府内 玉永光洋・坂本嘉弘
57 東京下町に眠る戦国の城・葛西城 谷口 榮
58 伊勢神宮に仕える皇女・斎宮跡 駒田利治
59 武蔵野に残る旧石器人の足跡・砂川遺跡 野口 淳
60 南国土佐から問う弥生時代像・田村遺跡 出原恵三
61 中世日本最大の貿易都市・博多遺跡群 大庭康時
62 縄文の漆の里・下宅部遺跡 千葉敏朗
63 東国大豪族の威勢・大室古墳群〔群馬〕 前原 豊
64 新しい旧石器研究の出発点・野川遺跡 小田静夫
65 旧石器人の遊動と植民・恩原遺跡群 稲田孝司
66 古代東北統治の拠点・多賀城 進藤秋輝
67 藤原仲麻呂がつくった壮麗な国庁・近江国府 平井美典
68 列島始原の人類に迫る熊本の石器・沈目遺跡 木﨑康弘
69 奈良時代からつづく信濃の村・吉田川西遺跡 原 明芳
70 縄紋文化のはじまり・上黒岩岩陰遺跡 小林謙一
71 国宝土偶「縄文ビーナス」の誕生・棚畑遺跡 鵜飼幸雄
72 鎌倉幕府草創の地・伊豆韮山の中世遺跡群 池谷初恵
73 東日本最大級の埴輪工房・生出塚埴輪窯 高田大輔
74 北の縄文人の祭儀場・キウス周堤墓群 大谷敏三
75 浅間山大噴火の爪痕・天明三年浅間災害遺跡 関 俊明
別02 ビジュアル版旧石器時代ガイドブック 堤 隆

●第Ⅳ期（全27冊完結・セット函入 40500円＋税）

76 遠の朝廷・大宰府 杉原敏之
77 よみがえる大王墓・今城塚古墳 森田克行
78 信州の縄文早期の世界・栃原岩陰遺跡 藤森英二
79 葛城の王都・南郷遺跡群 坂 靖・青柳泰介
80 房総の縄文大貝塚・西広貝塚 忍澤成視
81 前期古墳解明への道標・紫金山古墳 阪口英毅
82 古代東国仏教の中心寺院・下野薬師寺 須田 勉
83 北の縄文鉱山・上岩川遺跡群 吉川耕太郎
84 斉明天皇の石湯行宮か・久米官衙遺跡群 橋本雄一
85 奇偉荘厳の白鳳寺院・山田寺 箱崎和久
86 京都盆地の縄文世界・北白川遺跡群 千葉 豊
87 北陸の縄文世界・御経塚遺跡 布尾和史
88 東西弥生文化の結節点・朝日遺跡 原田 幹
89 狩猟採集民のコスモロジー・神子柴遺跡 堤 隆
90 銀鉱山王国・石見銀山 遠藤浩巳
91 「倭国乱」と高地性集落論・観音寺山遺跡 若林邦彦
92 奈良大和高原の縄文文化・大川遺跡 松田真一
93 ヤマト政権の一大勢力・佐紀古墳群 今尾文昭
94 筑紫君磐井と「磐井の乱」・岩戸山古墳 柳沢一男
95 東アジアに開かれた古代王宮・難波宮 積山 洋
96 鉄道考古学事始・新橋停車場 斉藤 進
97 北の自然を生きた縄文人・北黄金貝塚 青野友哉
98 北方古代文化の邂逅・カリカリウス遺跡 椙田光明
99 弥生集落像の原点を見直す・登呂遺跡 岡村 渉
100 「旧石器時代」の発見・岩宿遺跡 小菅将夫
別03 ビジュアル版縄文時代ガイドブック 勅使河原彰
別04 ビジュアル版古墳時代ガイドブック 若狭 徹